À PROCURA

DA FELICIDADE

COMO SOBREVIVER
NA SOCIEDADE DO CANSAÇO
E DO ESGOTAMENTO

ISMAEL SOBRINHO

Editora Vida
Rua Conde de Sarzedas, 246 – Liberdade
CEP 01512-070 – São Paulo, SP
Tel.: 0 xx 11 2618 7000
atendimento@editoravida.com.br
www.editoravida.com.br

Editor responsável: Gisele Romão da Cruz
Editor-assistente: Amanda Santos
Preparação de texto: Magno Paganelli
Revisão de provas: Elaine Azevedo
Projeto gráfico: Claudia Fatel Lino
Diagramação: Claudia Fatel Lino e Marcelo Alves
Capa: Arte Vida

©2022, Ismael Sobrinho

■

Todos os direitos desta obra reservados por Editora Vida.

Proibida a reprodução por quaisquer meios, salvo em breves citações, com indicação da fonte.

Todos os grifos são do autor.

■

Scripture quotations taken from Bíblia Sagrada, Nova Versão Internacional, NVI®.
Copyright © 1993, 2000, 2011 Biblica Inc.
Used by permission.
All rights reserved worldwide.
Edição publicada por Editora Vida, salvo indicação em contrário.

Todas as citações bíblicas e de terceiros foram adaptadas segundo o Acordo Ortográfico da Língua Portuguesa, assinado em 1990, em vigor desde janeiro de 2009.

Todas as histórias contadas pelo autor tiveram o nome da personagem real alterado, bem como foram feitas pequenas alterações no conteúdo para preservar a identidade das pessoas reais.

1. edição: abr. 2022
2. edição: set. 2022

Dados Internacionais de Catalogação na Publicação (CIP)
(Câmara Brasileira do Livro, SP, Brasil)

Sobrinho, Ismael
 À procura da felicidade : como sobreviver na sociedade do cansaço e do esgotamento / Ismael Sobrinho. -- São Paulo : Editora Vida, 2022.

 ISBN 978-65-5584-277-7
 e-ISBN 978-65-5584-276-0

 1. Autoajuda - Aspectos religiosos 2. Desenvolvimento pessoal 3. Emoções 4. Espiritualidade 5. Saúde física 6. Vida cristã I. Título.

22-102591   CDD-248.4

Índices para catálogo sistemático:
1. Autoajuda : Felicidade : Vida cristã 248.4
Cibele Maria Dias - Bibliotecária - CRB-8/9427

Aos meus pais, cristãos
comuns que me
ensinaram o poder das
disciplinas espirituais.

Agradeço

A minha esposa, Simone, por compartilhar jornadas de dores e felicidade ao meu lado.

A minha pequena filha Laura, pelas sugestões feitas para a capa do livro.

A Tiago e Ana, também exemplos do imensurável amor de Deus.

SUMÁRIO

12 PARA QUEM É ESTE LIVRO?

19 PARTE 1
COMPREENDENDO A SOCIEDADE DO CANSAÇO
E O EVANGELHO DA AUTOAJUDA

21 Capítulo 1
Conheça a si mesmo: a importância da
renovação da mente

35 Capítulo 2
Cuide do seu corpo

45 Capítulo 3
A sociedade que adoece: cansaço, *burnout* e
felicidade como bem de consumo

59 Capítulo 4
Quando a fé adoece: a teologia do *coaching*

69 Capítulo 5
O lado bom e o lado ruim do estresse

83 Capítulo 6
Não seja extraordinário, isso adoece

87 Capítulo 7
Negue a si mesmo

95 PARTE 2
DISCIPLINAS ESPIRITUAIS CONTRA A SOCIEDADE DO
CANSAÇO E O EVANGELHO DA AUTOAJUDA

97 Capítulo 8
Foque em disciplinas espirituais de longo prazo

103 Capítulo 9
Exercite o silêncio

107 Capítulo 10
Pratique a confissão

113 Capítulo 11
A importância da solitude

119 Capítulo 12
Simplicidade e humildade

127 Capítulo 13
Oração

135 Capítulo 14
Medite nas Escrituras

143 PARTE 3
DISCIPLINAS PARA O CORPO E A ALMA CONTRA A SOCIEDADE DO CANSAÇO

145 Capítulo 15
Quais são os segredos dos povos mais felizes?

151 Capítulo 16
Compreenda como o estresse nos inflama e adoece

157 Capítulo 17
Estresse e envelhecimento

163 Capítulo 18
Eixo cérebro-intestino: o intestino como segundo cérebro

167 Capítulo 19
Como nossa alimentação afeta o cérebro

171 Capítulo 20
Alimentação e prevenção do envelhecimento

175 Capítulo 21
Jejum espiritual e jejum intermitente

181 Capítulo 22
O que comer para reduzir a inflamação e o estresse corporal

189 Capítulo 23
Atividade física, estresse e envelhecimento

197 Capítulo 24
Descanse e durma bem

205 Capítulo 25
Reduza sua exposição à tecnologia

215 Capítulo 26
Conecte-se a uma comunidade de fé saudável

220 CONCLUSÃO
Um convite a quem deseja aprender mais

PARA QUEM É ESTE LIVRO?

TODO LIVRO tem objetivos e público-alvo. Este livro foi escrito e pensado para cansados, esgotados, acelerados, deprimidos, ansiosos e frustrados. Além disso, cada trecho também é destinado a curiosos, desconfortáveis e pessoas com a alma inquieta neste momento tão tenso e desafiador da História humana.

Afinal, quem não está À procura da felicidade, ou pelo menos deseja saber como encontrá-la?

Freud acertadamente nos disse que a grande busca do homem, em toda a sua vida, é pela felicidade:

> *O que revela a própria conduta dos homens acerca da felicidade e intenção de sua vida, o que pedem eles da vida e desejam nela alcançar? É difícil não acertar a resposta: eles buscam a felicidade, querem se tornar e permanecer felizes.*[1]

---

[1] FREUD, Sigmund. **O mal-estar na civilização**. São Paulo: Penguin/Companhia das Letras, 2011.

■ À PROCURA DA FELICIDADE

Entretanto, o que ele não compreendia é que nada neste mundo pode suprir nossos anseios pela felicidade. Sobre isso, C. S. Lewis nos trouxe uma constatação excelente: "Se descubro em mim um desejo que nenhuma experiência deste mundo pode satisfazer, a explicação mais provável é que fui criado para um outro mundo."[2]

Assim, a grande realidade é que nunca seremos plenamente felizes aqui. De fato, nossa fome por felicidade somente será suprida na glória eterna, quando veremos face a face o que nós, cristãos, ainda não conseguimos experimentar em um mundo caído e corrompido.

> *O excesso de hormônios e as substâncias inflamatórias liberadas pelo nosso corpo em estresse têm nos levado a ser, nós mesmos, os principais agentes causadores da maioria das doenças que sofremos. Acabamos nos tornando nossos próprios algozes.*

É extremante frustrante e adoecedor buscarmos aqui nesta vida um método que nos garanta a felicidade. Esse contraste entre o que buscamos e o que podemos obter neste mundo é o grande paradoxo de nosso tempo: se por um lado nunca se vendeu tanta literatura de autoajuda e guias para se encontrar a felicidade; por outro, nunca as pessoas consumiram tantos antidepressivos e ansiolíticos. Podemos até ser mais ousados e dizer que talvez as pessoas nunca tenham se sentido tão ansiosas e infelizes. O que está dando errado?

As respostas não são tão simples como gostaríamos. De antemão, sinto que frustrarei você ao dizer que este livro não será um manual sobre como obter a felicidade, nem um "guia de sete passos" para você encontrá-la na próxima esquina. Da mesma forma, não pretendo construir um roteiro espiritual rígido ou proporcionar códigos secretos para ser feliz, como muitos *coaches* cristãos se arriscam a fazer de maneira ousada e pretensiosa — e sem êxito, evidentemente.

Em quinze anos de atendimento psiquiátrico, recebi em meu consultório em torno de vinte mil pessoas, muitas delas claramente infelizes. A maior parte desses pacientes não precisaria passar pelo meu consultório se vivesse uma

---

[2] LEWIS, C. S. **Peso de glória**. São Paulo: Edições Vida Nova, 1993.

PARA QUEM É ESTE LIVRO? ■

vida diferente daquela que estavam vivendo. Se antes não tínhamos a resposta do porquê temos tido mais pacientes com quadros psiquiátricos, hoje temos inúmeros estudos clínicos que trazem luz sobre esta questão.

Por meio dessas pesquisas, a psiquiatria vem passando por uma mudança substancial. Se anteriormente pensávamos que as doenças psiquiátricas eram apenas baixas na produção de neurotransmissores (como a serotonina, a dopamina etc.), hoje sabemos que a causa não é bem essa. Muito pacientes chegam a produzir neurotransmissores, mas seus cérebros não funcionam adequadamente devido a processos como estresse e esgotamento crônicos.

O estresse e a sociedade do cansaço hoje são vistos como os grandes vilões da saúde física e mental. Da mesma forma, o excesso de exposição à tecnologia e às redes sociais tem acelerado ainda mais o processo de adoecimento coletivo.

O estilo de vida acelerado, hiperconectado e hiperativo tem feito com que nosso corpo permaneça num longo período de estresse fisiológico significativo. O excesso de hormônios e as substâncias inflamatórias liberadas pelo nosso corpo em estresse têm nos levado a ser, nós mesmos, os principais agentes causadores da maioria das doenças que sofremos. Acabamos nos tornando nossos próprios algozes.

À procura da felicidade não é uma obra que levará você à busca frenética pela felicidade como um bem de consumo. Antes, é uma proposta de mudança de hábitos e de rotinas que possa gerar em nós, a médio e longo prazos, uma melhor qualidade de vida, longevidade e bem-estar físico e emocional.

Além disso, este livro também propõe uma reflexão sobre a espiritualidade contemporânea e como a vivemos. Infelizmente, o cristianismo brasileiro tem seguido o mesmo ritmo da sociedade do cansaço e do esgotamento das sociedades seculares no seu entorno. Progressivamente, estamos tornando nossas comunidades cristãs centros de autoajuda e empoderamento humano em vez de fazer delas comunidades que compartilham o genuíno Evangelho de Cristo.

Paulo, o apóstolo, disse, profeticamente, como seria a sociedade à medida que se aproximasse o tempo do fim:

Não seja ingênuo. Tempos difíceis vêm por aí. À medida que o fim se aproxima, os homens vão se tornando egocêntricos, loucos por dinheiro, fanfarrões, arrogantes, profanos, sem respeito para com os pais, cruéis, grosseiros, interesseiros sem escrúpulos, irredutíveis,

■ À PROCURA DA FELICIDADE

> *caluniadores, sem autocontrole, selvagens, cínicos, traiçoeiros, impiedosos, vazios, viciados em sexo e alérgicos a Deus. Eles vão fazer da religião um espetáculo, mas nos bastidores se comportam como animais. Fique longe deles!* (2Timóteo 3.1-5, A Mensagem).

Estamos vendo o cumprimento progressivo dessa profecia. Nunca a humanidade foi tão narcisista, compulsiva, insensível e submissa à religião do espetáculo. A Bíblia afirma claramente que, à medida que o fim se aproximar, o comportamento humano será afetado radicalmente. A psiquiatria vem confirmando essa epidemia de narcisismo e transtornos compulsivos, o que sinaliza ou, ao menos, aponta na mesma direção do que a Bíblia diz.

Mas o apóstolo Paulo nos advertiu de que esse fenômeno não será restrito apenas ao ambiente secular:

> *Você descobrirá que daqui a um tempo o povo não vai mais ter estômago para ensino sólido, no entanto vão se encher de alimento espiritual estragado — mensagens cativantes que combinam com suas fantasias. Eles vão virar as costas para a verdade, vão trocá-la por ilusão. Mas você esteja atento ao que faz. Encare os tempos difíceis junto com os bons. Mantenha a Mensagem viva. Faça um trabalho benfeito como servo de Deus.* (2Timóteo 4.3-5, A Mensagem)

Se fora das comunidades cristãs as pessoas se rendem cada vez mais aos apelos de gurus que prometem fórmulas mágicas para a riqueza, a prosperidade e o bem-estar emocional, o cristianismo brasileiro foi submetido à sedução de um evangelho denominado "teologia do *coaching*" ou "evangelho da autoajuda". Infelizmente a espiritualidade cristã apenas espelhou e se rendeu ao espírito de nosso tempo, gerando uma fé cristã em que o homem, não Deus, é o centro e o alvo de nossa devoção.

Entretanto, mais do que um processo meramente teológico, esse tipo de espiritualidade adoece e traz consequências graves para nossa saúde emocional e espiritual. Dessa forma, para refletirmos melhor sobre como nosso estilo de vida e nossa espiritualidade têm nos adoecido, dividi este livro em três partes.

Na primeira parte, eu explico o que é a sociedade do cansaço e do esgotamento e o que é o evangelho da autoajuda. É importante que nós, cristãos, possamos compreender o mundo em que vivemos. Um bom diagnóstico nos ajudará na busca pelo melhor tratamento.

PARA QUEM É ESTE LIVRO? ■

Na segunda parte do livro, proponho disciplinas espirituais que possam servir como antídotos contra a espiritualidade adoecedora de nosso tempo. Não existe crescimento espiritual genuíno sem disciplinas espirituais de longo prazo e vida comunitária. É enganoso o ensino dos falsos profetas do evangelho humanista que vendem soluções mágicas ou extraordinárias para uma vida espiritual frutífera. Aqueles que desejam conhecer Deus devem se dedicar às disciplinas espirituais com postura humilde.

Na terceira parte do livro, eu falo sobre disciplinas para a saúde física e emocional. Aprenderemos sobre os segredos dos povos que vivem mais e o que a medicina vem apontando como estratégias para o envelhecimento saudável. Além disso, vamos aprender muito sobre como esse conhecimento se conecta com princípios bíblicos que infelizmente negligenciamos.

Dessa forma, este é um livro para que possamos viver o que recomendam as Escrituras e preparar o nosso corpo, a nossa mente e o nosso espírito para a vinda de nosso Senhor:

Que o próprio Deus, o Deus que deixa tudo santo e completo, faça vocês santos, completos e ajustados — espírito, alma e corpo — e os mantenha preparados para a vinda de nosso Senhor Jesus Cristo. Pois quem chamou vocês é de total confiança. Se ele disse, é porque vai fazer! (1 Tessalonicenses 5.23,24, A Mensagem).

Que a vida de vocês seja de fato mudada nos próximos dias.

COMPREENDENDO A SOCIEDADE DO CANSAÇO E O EVANGELHO DA AUTOAJUDA

Capítulo 1

CONHEÇA A SI MESMO

A importância da renovação da mente

> *Não se amoldem ao padrão deste mundo, mas transformem-se pela renovação da sua mente, para que sejam capazes de experimentar e comprovar a boa, agradável e perfeita vontade de Deus.* (Romanos 12.2)

ANTES DE falarmos sobre espiritualidade emocionalmente saudável, precisamos entender melhor a razão de nós, cristãos, estarmos doentes da alma. Infelizmente,

■ À PROCURA DA FELICIDADE

o índice de pessoas com depressão e ansiedade em nossas comunidades cristãs se assemelha aos índices apontados nos ambientes seculares, isto é, não cristãos. Assim, ao contrário do que muitos de nós pensamos, ser cristão não nos imuniza das consequências de viver em um mundo caído ou uma vida tóxica. Muitos ainda acreditam que a vida cristã é uma jornada linear rumo à felicidade.

Infelizmente, ainda pairam em certos círculos cristãos ideias equivocadas de que estamos blindados contra as doenças psiquiátricas e que a vida cristã sempre é repleta de momentos de êxtase, prosperidade e felicidade constantes. Mais do que isso, qualquer expressão ou manifestação de tristeza, fraqueza, dúvida ou ansiedade é vista pelos próprios cristãos como sinal de falta de fé, pecado, falta de comunhão com Deus ou alguma brecha que demos em nossa vida pessoal.

Entretanto, não podemos nos esquecer de que vivemos em um mundo caído. Jesus, ao orar por seus discípulos, disse claramente ao Pai que não nos tirasse do mundo, mas nos guardasse do mal (João 17.15). Sendo assim, vivendo no mesmo mundo dos ímpios, estamos sujeitos aos mesmos males que afetam a sociedade ao nosso redor se não vivermos uma fé equilibrada e deixarmos de buscar nas Escrituras remédios espirituais para uma vida saudável.

Esta vida, ao contrário do que muitas vezes nos é ensinado, não é uma vida ou existência sem dores, sofrimentos ou momentos de tristeza e ansiedade comuns aos demais seres humanos. Afinal, várias personagens bíblicas foram testemunhas de que a vida cristã não é uma jornada de euforia, felicidades ou emoções inabaláveis; pelo contrário, é carregada de antagonismos emocionais inerentes à condição humana vivida em um mundo caído.

Entender isso é fundamental. Algumas dores e angústias emocionais só serão sanadas na eternidade, quando Cristo reinar para sempre em nós e, finalmente, for tudo "em todos" (Colossenses 3.11). Desse modo, o cristão precisa aprender que a caminhada rumo à eternidade é marcada pelas ambiguidades de uma vida na qual o reino de Cristo, que já existe dentro (e entre) de nós, é vivenciado desde já em um mundo caído e corrompido. Nele, toda sociedade, cultura, biologia e relacionamentos sofrem, aguardando o dia em que Cristo se revelará e trará ordem ao caos da existência humana.

Quando lemos atentamente os Salmos, vemos isso com muita clareza. Em alguns momentos, o salmista fazia orações de profunda confiança e alegria

CONHEÇA A SI MESMO ■

no Eterno. Em outros momentos, as orações eram marcadas por medo, pânico e desespero.

O Senhor é a minha luz e a minha salvação; de quem terei temor?
O Senhor é o meu forte refúgio; de quem terei medo? (Salmos 27.1).

Livra-me, ó Deus! Apressa-te, Senhor,
a ajudar-me! (Salmos 70.1).

É isso! Assim é a caminhada de todos os cristãos, uma jornada marcada por alternâncias de humor, crises de fé, momentos de dúvida e dias pontuados por angústia e ansiedade.

Em meu consultório vejo diversos pacientes apresentarem-se com o quadro que descrevi. Eles sofrem por pensarem que não podem compartilhar suas dores em suas comunidades. Praticam autopunição por desenvolverem quadros de depressão ou ansiedade, carregando a culpa por imaginarem que suas fragilidades emocionais são sinônimo de fracassos espirituais. Isso simplesmente não é verdade, e as Escrituras nos mostram que Deus não só respeita, como permite que expressemos nossas emoções diante dele em toda completude.

Entretanto, muitas crises e adoecimentos emocionais são decorrentes de equívocos ou falta de entendimento quanto às origens dos transtornos mentais ou são fruto de uma espiritualidade distorcida ou desequilibrada.

Dito isto, nestes capítulos iniciais, tratarei dos conceitos básicos que nos mostram a razão de estarmos tão doentes e presenciarmos uma epidemia de transtornos mentais dentro de nossas comunidades. Por isso, temos de voltar aos fundamentos.

Existem pontos cegos em nossa caminhada cristã, mas um dos mais intrigantes desses pontos é saber como, ao longo da caminhada, você e outros cristãos não compreendem o que é o novo nascimento, mesmo tendo passado pelas águas do batismo ou depois de anos de discipulado. Quando falo sobre novo nascimento, refiro-me ao novo nascimento espiritual, aquele que Jesus nos disse que ocorre quando entregamos a nossa vida a ele.

Na segunda parte do livro, proporei soluções para os problemas levantados. Apontarei o sentido que considero importante para o desenvolvimento de uma espiritualidade cristã saudável e possíveis vacinas (nome que estou dando para as ações preventivas) para não nos rendermos às promessas feitas pelos

■ À PROCURA DA FELICIDADE

gurus infiltrados nas nossas comunidades cristãs, mensageiros que estão escravizando a mente e a vida de milhares de pessoas.

De fato, nosso caminho de cura das emoções e do contentamento (felicidade) começa quando conhecemos o Filho do Eterno e nos relacionamos com ele. Esta, inclusive, tem sido, ao longo da história humana, a maior tentação do nosso inimigo (o Diabo): nos fazer acreditar que existe felicidade fora do relacionamento com o Eterno. Vícios, compulsões e transtornos mentais nascem quando distorcemos esse princípio elementar de nossa fé.

Da mesma forma, a todo custo o Inimigo quer nos vender uma ideia errônea e equivocada do que é a felicidade, nos fazendo construir ídolos que tentem a todo custo suprir a nossa verdadeira necessidade, que é conhecer Cristo e fazê-lo conhecido.

O Diabo tenta nos fazer acreditar que existe felicidade fora do relacionamento com o Eterno.

Existe um grande paradoxo no processo do novo nascimento que faz cristãos viverem em extremos em que muitos adoecem. Antes da conversão, não acreditavam em nada relacionado ao mundo espiritual; após entregarem a sua vida ao Eterno, passam ao extremo oposto, espiritualizando tudo ao seu redor. O Diabo mora nos extremos, desumanizando as pessoas ou fazendo-as negar a realidade espiritual que vivemos.

Percebi, em anos de atendimento em meu consultório, que os transtornos nascem nos polos. Não reconhecer o papel da espiritualidade saudável na saúde mental é algo contrário aos próprios estudos científicos disponíveis hoje em dia; mas viver uma fé desumanizada e que espiritualiza tudo é um caminho certo para o adoecimento.

Essa questão já foi tema de inúmeros debates e discussões com vários irmãos ao longo dos anos de atendimento. Muitos pacientes cristãos deixaram o meu consultório extremamente frustrados porque queriam soluções mágicas, rápidas ou místicas para problemas psiquiátricos bastante complexos. Já me frustrei demais ao vê-los enfrentar tantas decepções, mas hoje penso que algumas coisas só serão aprendidas com o tempo e depois de muito sofrimento ao longo da própria jornada e experiência de fé.

Podemos antecipar algumas expressões de angústia que marcam a vida dos cristãos: "Se eu nasci de novo, por que continuo lutando contra depressão e ansiedade?", "Por que apresentamos tantos altos e baixos emocionais em

CONHEÇA A SI MESMO ■

nossa caminhada cristã?", "Por que muitas vezes temos a sensação de não sair do lugar?".

De antemão, adianto que esses questionamentos nascem porque não entendemos adequadamente que, antes de sermos seres espirituais, somos seres biológicos, emocionais (e também espirituais). Também temos dificuldade em compreender essas três dimensões do ser humano, mas não viver ou ter entendimento adequado sobre essas dimensões em nossas rotinas diárias também provoca questionamentos.

Certa vez atendi uma paciente que chamarei de Maria. Ela me procurou porque ninguém conseguia fazer, segundo ela, a sua libertação espiritual. Após participar de inúmeras sessões e cursos, ela foi encaminhada a mim por um pastor como sendo esta a última solução possível para o seu caso. Maria se queixava de apatia e desânimo intensos. Dizia que não conseguia ler a Bíblia e tampouco orar. Estava dormindo mal e ganhando peso. Lembro-me bem de suas palavras: "Estou passando por um ataque espiritual terrível, dr. Ismael".

Confesso que fiquei preocupado; afinal, ela me disse que tinha ido a todos os retiros de libertação e feito campanhas em todas as igrejas da cidade onde morava, uma capital brasileira. Pensei com aflição: "Se tantos pastores famosos, especialistas na arte da 'quebra de maldição' e de expulsão do Inimigo, não tinham conseguido resolver o seu problema, seria eu, um mero psiquiatra, o agente de cura e resolução de trabalho espiritual tão sinistro?".

Eu a atendi com medo de ocorrer uma manifestação do Inimigo no meio da consulta. Mas jejuei, orei e atendi a paciente. Segundo disse, ela sentia uma opressão e um cansaço terríveis. Alegava que o Inimigo a prendia na cama de tanta fraqueza. Estava assim havia um ano. Pessoa amigável, com uma vida íntegra e de dedicação ao Eterno.

Prudentemente, eu solicitei exames e lá estava o "demônio" que tanto a afligia: o hipotireoidismo! Acreditem, ela foi liberta tomando hormônio para tireoide. Maria foi embora feliz por eu ter finalmente resolvido a "opressão" que a perturbava todos os dias. Ela até me agradeceu por parar a sua queda de cabelo e conseguir perder peso! Eu fiquei feliz e aliviado por não ter de expulsar nenhum agente do mal ou sofrer retaliações por tão dura batalha espiritual.

Ao ler esta história, talvez você possa estar pensando: "Mas esse é um caso extremo". Talvez seja. Mas o fato é que muitas pessoas fazem com os transtornos mentais o que essa paciente fazia com sua tireoide: espiritualizam

■ À PROCURA DA FELICIDADE

as doenças, atribuindo ao Inimigo processos que são puramente biológicos, somáticos ou emocionais.

Muitos irmãos me procuram pensando que a causa de seus transtornos mentais é espiritual, não biológica ou emocional. Sobre isso, temos de aprender algo muito importante e fundamental para uma vida cristã equilibrada: só nascemos de novo espiritualmente. Nossa mente e nosso corpo sempre estarão sujeitos ao adoecimento, aos ataques do Inimigo e às consequências do pecado original (sim, eu, como vocês, também terei uma conversa séria com Adão no céu).

Veja o que a Escritura nos diz sobre isso:

> *Que o próprio Deus da paz os santifique inteiramente. Que todo o espírito, a alma e o corpo de vocês sejam preservados irrepreensíveis na vinda de nosso Senhor Jesus Cristo. (1 Tessalonicenses 5.23)*

É muito interessante perceber que, em todo o texto sagrado, o Eterno nos fala sobre as emoções e a necessidade de cuidar do corpo e da mente. E posso dizer mais: as Escrituras adiantaram conceitos de psicologia e psiquiatria muito antes dos teóricos do nosso tempo.

É uma pena que tão poucas pessoas prestem atenção nisso. Muitos de nós não conseguem ver nas Escrituras que nossos irmãos e heróis da fé lutaram com crises de depressão e ansiedade significativas. Costumo dizer a amigos que poucas personagens bíblicas passariam sem diagnóstico em uma anamnese psiquiátrica. E isso é ao mesmo tempo um alento e um desafio. Por um lado, nos mostra que Deus usa pessoas imperfeitas e angustiadas, como qualquer um de nós. Mas, por outro lado, nos mostra que devemos estar atentos porque ser cristão ou andar com Deus não constitui uma proteção contra os transtornos mentais.

Segundo o texto bíblico, temos uma natureza biológica, outra natureza emocional e, por fim, uma natureza espiritual. E é impressionante ver que a Bíblia diz que somos chamados a ter zelo e conservar íntegras e irrepreensíveis cada uma dessas áreas.

O texto afirma, ainda, que a nossa oração a Deus deve ser dirigida para que as três áreas que compõem o nosso ser sejam conservadas íntegras e irrepreensíveis. Negligenciar alguma delas trará grande prejuízo a nós, fazendo que vivamos uma vida desequilibrada e fora dos propósitos de Deus.

CONHEÇA A SI MESMO ∎

Não fomos feitos por ele para cuidarmos apenas de nossa vida espiritual, mas para cuidarmos e zelarmos pelas nossas emoções e pelo nosso corpo.

Compreendermos esse conceito simples mudará a nossa percepção das doenças da mente e tirará um peso muito grande que está sobre as nossas emoções. Quantos já ouviram em sessões de discipulado e aconselhamento cristão que depressão é coisa do Inimigo e que ansiedade é falta de fé? Quantas vezes, durante as consultas, eu escuto de cristãos que aprenderam que toda ansiedade é fruto do pecado? Esse tipo de aconselhamento só serve para piorar o estado psíquico dessas pessoas, agravando seus quadros psiquiátricos.

Sendo assim, a fé, que deveria ser uma fonte de refrigério e fortaleza, torna-se um instrumento de adoecimento ainda maior. Além disso, se não conservarmos íntegros e irrepreensíveis o nosso corpo e a nossa mente, também falharemos. Nos próximos capítulos falarei sobre como essa negligência tem nos adoecido.

Para compreender melhor isso, usarei uma analogia com um banquinho de três pernas de sustentação. O banquinho é o cristão. Uma perna representa o corpo, a outra representa as emoções, e a outra, a vida espiritual. Em um banquinho de três pernas, se uma delas ficar fraca, o cristão cairá. Se quebrar uma das pernas, as outras duas não sustentarão a pessoa que se sentar nele. Se a fé estiver fragilizada, afetará as emoções. Se o corpo estiver doente, afetará a fé. E se as emoções estiveram deturpadas e comprometidas, não haverá corpo nem fé saudáveis.

> *Só nascemos de novo espiritualmente. Nossa mente e nosso corpo sempre estarão sujeitos ao adoecimento.*

A primeira perna que gostaria que compreendêssemos é a perna "corpo". O corpo biológico está associado a tudo o que envolve o cérebro, os neurônios, as sinapses, o intestino, e tudo o mais relacionado ao controle dos sentimentos e das emoções. Vocês já notaram o quanto a Bíblia fala do corpo e das emoções? Entretanto, nos tempos bíblicos, as pessoas compreendiam que a sede das emoções era o coração. Hoje, entendemos melhor que o que eles chamavam de coração, na verdade, estava prioritariamente relacionado ao cérebro e à nossa vida emocional como um todo. O coração, biblicamente falando, é algo muito profundo. Envolve nossa vida interior, onde Deus nos fala e impulsiona a amá-lo e servi-lo. Assim, boa parte do que a Bíblia chama de coração é

■ À PROCURA DA FELICIDADE

processada pelo nosso cérebro e nossas redes neuronais. Digamos que o cérebro processa biologicamente e emocionalmente as emoções do nosso coração. A segunda perna do banquinho é a perna "emoções". Muitas vezes a Bíblia fala de alma, para referir-se às emoções e aos sentimentos. Nossa mente, nossa vontade e nossa personalidade formam uma grande identidade emocional que muitos chamam de alma (o grego bíblico usa a palavra *psychê*). Eu sei que pode parecer confuso, mas alma na Bíblia nem sempre se relaciona às coisas espirituais. Quando lermos expressões como "fortalezas da mente" ou "renovação da mente", temos de pensar no termo "alma" como sinônimo de mente, vontade, emoção e personalidade. Ou melhor, é aquilo que se nomeia como *psychê*. Nessas passagens, a Bíblia está falando de conceitos relacionados às emoções, não a processos espirituais primários.

Devemos aprender essa verdade desde o início de nosso discipulado: evitar a tentação de usarmos o Inimigo como álibi para nossos problemas.

Evite a tentação de usar o Inimigo como álibi.

Lembremos que o nosso primeiro irmão, Adão, fez exatamente isso e sofreu duras consequências. O Eterno resiste aos hipócritas, mas se alegra com os que o procuram, sem fingimento nem máscaras, reconhecendo os próprios erros, pecados e limitações. Afinal, não podemos esconder nenhum sentimento de Deus, porque antes mesmo de sentirmos qualquer coisa, ele sabe o que está passando em nosso coração (Salmos 139.4).

É estranho notarmos que cristãos se preocupam mais com as ações do Inimigo que com as ações ou com o relacionamento com Deus. Vou além. Quando presenciamos alguém na comunidade de fé que se preocupa demais com as coisas do Inimigo ou vê o Inimigo como causa primária de tudo o que acontece de ruim em suas vidas e no mundo, podemos ter certeza de que não estão gozando de boa saúde emocional.

Não podemos menosprezar a ação do Inimigo, mas devemos evitar dar ênfase exagerada para ele ou o uso da sua figura insistentemente como justificativa para nossos próprios pecados e concupiscências (Tiago 1.13,14).

Obviamente, muitas vezes o Inimigo atenta contra a nossa mente e emoções. Ele não tem poder para discernir o que se passa em nosso coração nem pode ler os nossos pensamentos. Mas, como "psicólogo experiente" que ele é, estuda a mente humana, observando seus comportamentos, desde o

CONHEÇA A SI MESMO ■

Éden. Dessa forma, direciona pessoas, objetos ou locais conforme as tentações ou fragilidades que nós, humanos, temos em nosso interior. De outra forma, ele também sopra pensamentos em nossos ouvidos e em nossa mente de modo que assimilamos os seus conceitos e incorporamos essas ideias como se fossem nossas.

Muitas vezes as ações repetitivas do Inimigo tornam-se conceitos extremamente impregnados em nossa mente, gerando memórias neurais difíceis de serem derrubadas sem as ferramentas espirituais corretas. Essas memórias neurais (ou esquemas mentais, erros cognitivos) são as fortalezas da mente descritas nas Escrituras (2Coríntios 10.3-5).

Sei que muitas vezes queremos um roteiro prático ou uma oração de intercessão que resolva as nossas demandas emocionais de forma rápida e sem muito esforço. O evangelho da autoajuda e a teologia do *coaching* muitas vezes ensinam isso. Entretanto, a Bíblia diz que seremos transformados *progressivamente,* em partes, em processos contínuos, até sermos cada vez mais parecidos com Jesus (2Coríntios 3.18). Se nascemos de novo somente no Espírito, e isso é um processo instantâneo, é no campo da mente (ou coração, conforme dizem as Escrituras) que seremos aperfeiçoados e teremos nossa personalidade mudada à medida que caminharmos firmemente em nossa espiritualidade e discipulado. É por isso que as disciplinas espirituais são tão importantes para um crescimento sustentando diante de Deus. Sem elas, sempre seremos seduzidos pela busca de atalhos e reféns das heresias de cada época.

Hoje, estamos diante de inúmeros movimentos cristãos que prometem transformações rápidas e desconectadas de processos de discipulado e liturgia, regados à disciplina persistente. Movimentos como a teologia do *coaching* e outras espiritualidades humanistas seguem prometendo o que nunca vão conseguir cumprir: a transformação da mente humana apenas olhando para dentro de si mesmo, mudando nossas crenças ou por meio do pensamento positivo. Falarei sobre isso posteriormente.

Sabemos pelas Escrituras que o coração humano é enganoso e desesperadamente corrupto (Jeremias 17.9,10) e que somente o Eterno é capaz de sondar nosso coração e promover mudanças significativas em nós que alterem profundamente a nossa personalidade. Obviamente, não estou com isso reduzindo o papel da psiquiatria e da psicologia no socorro de inúmeras pessoas acometidas por males emocionais. Entretanto, não podemos deixar de utilizar

■ À PROCURA DA FELICIDADE

as armas e ferramentas espirituais corretas, uma vez que existem lugares dentro de nosso coração que somente a Palavra de Deus é capaz de investigar e curar:

> *Pois a palavra de Deus é viva e eficaz, e mais afiada que qualquer espada de dois gumes; ela penetra ao ponto de dividir alma e espírito, juntas e medulas, e julga os pensamentos e intenções do coração. (Hebreus 4.12)*

Antes de pensarmos em ferramentas de *coaching*, fórmulas mágicas para a felicidade ou querer treinar a nossa mente para pensar positivamente, devemos entender que a leitura das Escrituras é uma ferramenta dada por Deus e capaz de invadir a nossa mente e promover mudanças nos esquemas mentais, corrigindo erros cognitivos que nos causam inúmeras doenças.

Quem não quer ser curado? Obviamente, todos nós queremos. A grande questão é que somos tentados a seguir gurus ou buscar treinamentos emocionais com fórmulas mágicas e rápidas para problemas emocionais complexos. Muitos querem mudar uma série de registros e memórias de uma vida inteira em um único dia, em uma única consulta, oração ou retiro espiritual.

O nosso Deus é o Deus do impossível e pode, sim, mudar em uma única oração muitos problemas antigos. Mas, ao longo da história da Igreja, percebemos claramente que as grandes mudanças de fé ocorrem com maior frequência na vida de cristãos disciplinados, que vivem vidas comuns e se dedicam a disciplinas espirituais consistentes.

Querer acelerar processos não é uma atitude que vem do Eterno, mas do nosso Inimigo, que quer nos manter sempre em guerra e em conflitos de identidade, aterrorizados pelo medo ou em constante batalha espiritual. Com isso ele consegue tirar o foco da leitura diária e contínua da Palavra do Eterno. Para muitos cristãos, a batalha espiritual os leva a um estado de esgotamento emocional profundo simplesmente por não reconhecerem nas Escrituras quem de fato são em Cristo Jesus.

O Inimigo não quer que estejamos em paz com o Eterno. Por isso, ele insistentemente tenta nos roubar a paz, gerando dúvidas em assuntos que já estão registrados claramente nas Escrituras Sagradas. Infelizmente, poucos cristãos fazem estudo exaustivo das Escrituras durante seus devocionais diários, tornando-se facilmente manipulados pelos conceitos errôneos que Satanás sutilmente implanta em suas mentes.

CONHEÇA A SI MESMO ■

Adicionalmente, quanto mais e mais o Inimigo levar a pessoa a espiritualizar tudo, conseguirá mantê-la mais imatura, deixando de exercer disciplinas espirituais no dia a dia e impedindo que realmente seja tratada profundamente por Deus.

Você pode facilmente verificar um fenômeno que ocorre em nossas comunidades: homens e mulheres que estão há anos na comunidade da fé e até manifestam dons espirituais, mas são extremamente imaturos emocionalmente, criando famílias doentes ou gerando relacionamentos abusivos por onde passam.

Infelizmente, o fato de muitos pregarem em nome do Eterno, serem líderes espirituais ou até profetizarem para grandes grupos não significa que estejam com suas vidas emocionais equilibradas ou com suas almas curadas. Todos nós temos áreas em nossas vidas que atravessam processos que carecem de tratamento. É inegável que a ausência de aperfeiçoamentos emocionais após longos anos de caminhada cristã deve nos fazer refletir profundamente sobre como tem sido nosso discipulado e desenvolvimento da espiritualidade. Afinal, uma espiritualidade saudável deverá nos tornar cada vez mais saudáveis emocionalmente.

Dizendo isso, não me refiro à ausência de transtornos mentais, mas a uma vida que progressivamente avança para a renovação de mente, que proporcionará cada vez mais equilíbrio e saúde mental. Manifestar os dons do Eterno, como acontece aqui e ali, não significa que se deva parar de avançar em nossa busca pela cura das emoções.

Para que essa transformação ocorra, o primeiro passo não é a busca pelo empoderamento humano ou cairmos na tentação do Éden de que sozinhos podemos conseguir soluções para nossas demandas afetivas ou relacionais. O processo da caminhada cristã é totalmente diferente da espiritualidade humanista de nosso tempo. Se tem sido ensinado que Jesus é alegria e euforia todo dia e que o cristão deve apenas viver dias felizes, estamos sendo seduzidos pelo discurso de prosperidade e felicidade que nasce das ideias de Satanás, implantadas no mundo e na cultura. Precisamos descer do barco do discurso da autoajuda, da prosperidade e da felicidade como um fim em si mesmas que guia o nosso tempo.

O caminho da cruz é um processo de negação de si mesmo (lembremos de Jesus dizendo "negue a si mesmo"), que por meio de sofrimentos, de dias difíceis e de disciplina somos aperfeiçoados pelo Eterno para cumprir os seus

À PROCURA DA FELICIDADE

propósitos. Somos chamados a ser coparticipantes dos sofrimentos de Cristo, e a vida do próprio Messias é testemunha de que a vida cristã não é marcada pela prosperidade financeira, pela ausência de lutas emocionais (Jesus sentiu angústia no Getsêmani) nem tampouco imune a sofrimentos (a cruz é o maior símbolo dessa verdade!).

A vida cristã propõe o contrário do que aprendemos hoje, onde muitos ensinam que devemos ser supercrentes, felizes, prósperos e isso faz com que a felicidade se torne um ídolo a ser buscado incessantemente como fim comum (e máximo) da nossa existência.

A vida cristã propõe o contrário do que aprendemos hoje, onde muitos ensinam que devemos ser supercrentes, felizes, prósperos e isso faz com que a felicidade se torne um ídolo a ser buscado incessantemente como fim comum (e máximo) da nossa existência.

É muito interessante que na própria Bíblia não lemos sobre um padrão de heróis da fé imunes a crises emocionais ou problemas psiquiátricos. Reparem: vários homens de Deus relatados pela Bíblia apresentaram problemas e dilemas emocionais terríveis!

Já notaram os problemas de caráter de Jacó no início da caminhada? E as oscilações de fé de Abraão? O que dizer do impulsivo Moisés? Não vou entrar na história de Davi para não correr o risco de minar a sua fé. Mas destaco ser importante compreendermos que o Eterno deixou essas histórias carregadas de dramas humanos para nos mostrar que ele quer usar pessoas como você e eu. Quantos de seus melhores servos apresentaram momentos de tristeza, de infelicidade, de angústia, de medo, dúvida, raiva, compulsão e até desejo de morrer? Elias, por exemplo, pensou em suicídio, como lemos em 1Reis 19.

No dia de sua conversão, você passou a ser filho do Eterno, a morar (espiritualmente) em seu Reino e já iniciou a sua jornada de renovação da mente. No entanto, a sua mente só será transformada aos poucos, em um processo contínuo, pela ação do Eterno. Não existe renovação da mente instantânea. Fuja de tudo o que você vir ao longo da caminhada na fé que queira vender a ideia da possibilidade de se tornar um super-herói cristão ou que prometa mudanças em tempo recorde.

A metáfora do banquinho, que usei anteriormente, é apenas para efeitos didáticos. Corpo, alma e espírito formam uma só pessoa, interagindo entre si,

CONHEÇA A SI MESMO ■

impossível de separar. Sendo o homem um ser integral, qualquer divisão ou predileção no trato das questões humanas pode comprometer a complexidade da criação tal qual feita pelo Eterno. Não é à toa que Deus nos diz que só sua Palavra é capaz de penetrar no ponto de divisão, caso haja, entre estas três áreas de nossa existência:

> *Pois a palavra de Deus é viva e eficaz, e mais afiada que qualquer espada de dois gumes; ela penetra ao ponto de dividir alma e espírito, juntas e medulas, e julga os pensamentos e intenções do coração.* (Hebreus 4.12)

Quando falamos com o Eterno, não usamos apenas a nossa natureza espiritual. Utilizamos a parte material do corpo (e processamento emocional) e sua natureza espiritual e vice-versa. É importante compreender isso porque, por vezes, o Eterno falará ao nosso espírito, no íntimo do nosso ser, mesmo que nada sintamos no corpo ou que tenhamos abalos emocionais. Temos o péssimo hábito de achar que a voz do Eterno sempre deve ser audível ou que nos fará sentir calafrios, crises de choro ou êxtase no culto público.

O outro extremo também deve ser evitado. Ser cristão é também *sentir* e muitas vezes a ação espiritual do Eterno em nosso espírito nos fará expressar sentimentos diversos. Não é porque você não sente a presença do Eterno que ele não está dentro de você. Que nunca possamos cair na tentação de medir a nossa espiritualidade por nossas emoções.

É muito importante ao longo de toda a caminhada cristã não basearmos nossa fé pelas emoções, mas pelas convicções (que serão instaladas aos poucos pela ação do próprio Deus). Uma das maiores estratégias do Inimigo é nos fazer acreditar que, se não sentimos nada, não temos o Santo Espírito morando em nós. O Inimigo sempre tentará nos manipular emocionalmente, para que as palavras do Eterno não permaneçam fixadas em nosso coração. Isso ele faz gerando dúvidas sobre nossa salvação ou sobre a paternidade do próprio Deus.

No próximo capítulo falarei sobre a importância de cuidarmos do nosso corpo.

Posteriormente, falarei sobre o que considero ser importante com relação aos conceitos que moldam a sociedade em que vivemos. Se não conseguirmos compreender os princípios que moldam a sociedade do cansaço e do esgotamento, sentiremos dificuldades para ter uma fé que possa vencer o mundo verdadeiramente.

CUIDE DO SEU CORPO

NESTE CAPÍTULO, falarei sobre a origem dos problemas emocionais. Anteriormente dei informações sobre a mente e as emoções. Mas, aos poucos, quero esclarecer melhor os caminhos que levam o cristão a ter uma vida equilibrada em sua saúde física e emocional.

Uma pergunta que muitos pacientes fazem é: "Por que eu, sendo cristão e andando com Deus, ainda luto contra a depressão e a ansiedade?"; "Por que não consigo ser feliz?". Essa é uma dúvida frequente, pois muitos pensam que servir ao Eterno é uma vacina de imunidade contra os problemas psiquiátricos e que todos os filhos de Deus devem viver felizes todos os dias de suas vidas. Isso não é o que aprendemos nas Escrituras.

■ À PROCURA DA FELICIDADE

Mesmo ASSIM, essas dúvidas são importantes. O que acontece em nossa mente para que possamos adoecer? Por que hoje temos uma epidemia de transtornos mentais sem precedentes?

Para o cristão, o caminho para o entendimento a esse respeito deve passar pela melhor compreensão do que foi a queda do homem descrita nos primeiros capítulos de Gênesis.

Muitos de nós temos nos esquecido de que a natureza física (biológica) apresenta disfunções fisiológicas devido ao pecado original. Esse pecado, cometido por Adão e Eva, trouxe como consequência não somente a morte espiritual, mas também alterações no funcionamento do corpo, nos predispondo a inúmeras doenças. Pode parecer estranho, mas toda enfermidade se origina na queda. Nosso corpo só adoece porque houve pecado e por isso nascemos condicionados a adoecer e a morrer.

A queda do homem afetou toda a sua fisiologia, o código genético e a sua relação com os demais seres vivos criados por Deus. Assim, mesmo sendo filhos do Eterno, estamos sujeitos a doenças do coração, do pulmão, do sangue, dos rins e do cérebro, e tantas outras, uma vez que a grande redenção do corpo ocorrerá somente na segunda vinda de Cristo.

Antes de Adão cair em pecado, ele tinha um corpo imune às doenças. Seu código genético era perfeito. Não existiam mutações. Seus telômeros (estruturas relacionadas ao envelhecimento que aprenderemos depois) eram longos e não envelheciam. Não sofriam consequências do estresse (porque não havia algo que os pudesse estressar!). Mas o pecado mudou tudo isso e hoje sofremos as consequências daquela péssima decisão de comer o fruto proibido em nossos corpos corruptíveis e mortais.

Paulo foi bem enfático sobre isso, ao afirmar que um corpo novo, glorificado, só nos será concedido durante a ressurreição dos mortos, isto é, na glorificação:

> *O mesmo acontece com a ressurreição dos mortos. Quando morremos, o corpo terreno é plantado no solo, mas ressuscitará para viver para sempre. Nosso corpo é enterrado em desonra, mas ressuscitará em glória. É enterrado em fraqueza, mas ressuscitará em força. Acontecerá num instante, num piscar de olhos, ao som da última trombeta. Pois, quando a última trombeta soar, aqueles que morreram ressuscitarão a fim de viver para sempre. E nós que estivermos vivos também seremos transformados. Pois nosso corpo mortal precisa ser transformado em corpo imortal. (1Coríntios 15.42,43,52,53 NVT)*

CUIDE DO SEU CORPO ■

Um dia todos nós seremos imortais e não correremos mais o risco de adoecer no corpo ou na mente. Mas, até lá, estamos sujeitos e temos de lidar com inúmeras enfermidades ao longo de nossa jornada no caminho do Eterno.

Registre isso em seu coração: estar adoecido da alma nem sempre significará que você esteja em pecado, que não tenha fé ou que esteja distante do Eterno. A causa desses sintomas pode ser apenas uma disfunção em seu aspecto químico, hormonal e fisiológico, o que é oriundo de uma vida terrena que sofre as consequências de uma biologia predisposta a adoecer pela queda.

Estou dando muita ênfase a isso porque, ao longo dos séculos, em nossas comunidades de fé, muitos cristãos aprenderam erroneamente que as doenças são punição de Deus ou porque não estamos fazendo algo suficientemente bom para ele. Isso ainda tem sido propalado entre muitos grupos de fé e muitos de nossos irmãos que lutam contra a depressão, a ansiedade e a compulsão são alvo de um grande preconceito e julgamentos.

Ao longo da caminhada com o Eterno, nós presenciaremos irmãos piedosos que apresentarão enfermidades sem resposta plausível ou explicação lógica. Quantas pessoas morreram mesmo após constante intercessão da Igreja? Há inúmeros livros que falam sobre a antiga questão de "por que os justos sofrem?", e isso indica que o assunto não é recente.

Nem sempre andar com o Eterno significa que ele deverá nos curar das enfermidades; afinal, muitas vezes ele realizará a maior de todas as curas: a morte. É chato e pesado falar desse assunto, mas pode acontecer de as enfermidades serem curadas de um modo como não gostaríamos, ou pode acontecer de não termos as respostas que desejamos.

O Eterno nem sempre responde às orações como gostaríamos; mas ele pode responder segundo os seus propósitos. Neste ínterim, irmãos, terapeutas e médicos podem ser milagrosos agentes de cura, instrumentos de Deus para exercer seus propósitos.

Se compreendermos melhor a origem dos transtornos mentais, aprenderemos estratégias de prevenção e não sofreremos tanto durante os dias em que as nossas emoções estiverem doentes ou desequilibradas. Além disso, o Deus todo-poderoso, como dito anteriormente, o Eterno, não nos fez sem responsabilidade com o nosso corpo. Cuidar dele é algo profundamente espiritual; afinal de contas, o Espírito de Deus habita em nosso corpo.

■ À PROCURA DA FELICIDADE

Quantas vezes você já ouviu de seus irmãos que cuidar do corpo é vaidade ou perda de tempo? Saiba que esse falso entendimento tem levado muitos a constantes enfermidades. Refiro-me a cuidados com alimentação e exercícios físicos, bons hábitos que promovem saúde. Na parte final deste livro falarei sobre o que a ciência vem ensinando sobre isso.

Registre isso em seu coração: estar adoecido da alma nem sempre significará que você esteja em pecado, que não tenha fé ou que esteja distante do Eterno. A causa desses sintomas pode ser apenas uma disfunção em seu aspecto químico, hormonal e fisiológico, o que é oriundo de uma vida terrena que sofre as consequências de uma biologia predisposta a adoecer pela queda.

Certa vez atendi uma paciente que me disse que o Diabo a queria matar, porque tinha infartado. Mas em seu histórico médico vi que ela já era hipertensa e diabética havia muitos anos, mas não fazia nada para melhorar seu estado. Ela me disse: "O Inimigo é perigoso, mas eu vou resistir". Eu respondi: "O açúcar é muito perigoso e você deve repreendê-lo".

Pode parecer engraçado, mas quantas doenças são oriundas de uma vida desequilibrada e de um descuido com o nosso corpo? Nas doenças psiquiátricas não é diferente. Posteriormente falarei, por exemplo, sobre os efeitos do estresse de longo prazo no adoecimento do cérebro.

Mas, afinal, por que adoecemos? Vamos começar pela genética. O primeiro ponto que devemos considerar quanto às origens das doenças do nosso cérebro é a genética.

O pecado original fez que a natureza biológica do homem sofresse alterações que possibilitaram o surgimento das doenças com as quais lidamos no nosso cotidiano. Uma das consequências disso foram as alterações presentes em nosso código genético (o DNA), que viabilizam a herança ou predisposição a doenças de nossos antepassados. Muitos irmãos confundem isso e não é incomum presenciarmos pessoas confundindo genética com maldição hereditária.

Isso me fez lembrar de outro paciente. Ele orava durante anos para quebrar uma maldição espiritual de depressão entre seus parentes. Havia, segundo esse paciente, vários casos de depressão e ansiedade em sua

CUIDE DO SEU CORPO ■

família, bem como de hipertensão arterial. É curioso que ele não via a hipertensão como maldição, mas como uma doença.

A realidade por trás dessa crença é que aquela família tinha uma genética muito forte para quadros psiquiátricos. Com o tempo, fui tratando a família inteira e descobrindo que boa parte deles já nasceu predisposta à ansiedade. Em geral, estes irmãos, ainda na adolescência ou quando adultos jovens, já apresentavam tais sintomas.

Esse irmão, após se tratar, me agradeceu muito. Expliquei a ele que em Cristo as maldições foram quebradas na cruz e que ele não deveria mais se preocupar com isso; era preciso investir na renovação da sua mente. Expliquei para ele que pessoas cujos parentes de primeiro grau têm transtornos mentais têm em média duas a três vezes mais chances de adoecer que a média da população. Sim, ao nascermos de novo, temos nossas maldições quebradas na cruz, mas não a nossa genética modificada (não estou dizendo com isso que Deus não seja poderoso para intervir nisso).

Assim, com este ensino, eu não quero reduzir a fé de muitos. Afinal, o Eterno é Todo-poderoso. Mas quando falamos de genética, é melhor não ficar refém dela.

A genética e os fatores ambientais (como o nosso estilo de vida, alimentação, sedentarismo, cidades poluídas, emprego estressante etc.) atuarão em conjunto para o desenvolvimento dos quadros psiquiátricos em nosso cérebro e existem pessoas com herança genética que nunca desenvolverão uma doença para a qual, porventura, sejam predispostas. Isso dependerá dos hábitos que assumirmos ao longo da nossa vida e da maneira como cuidarmos do nosso corpo. Por isso, você aprenderá neste livro sobre disciplinas para o cuidado do corpo.

Por outro lado, existem irmãos sem predisposição que, devido a fatores estressores e a uma péssima qualidade de vida, se tornarão doentes.

Outra coisa importante a se saber sobre o cérebro é que mesmo situações que têm início prioritariamente em questões emocionais do cotidiano, ou que têm origem em uma espiritualidade disfuncional, acabarão afetando as funções cerebrais. A própria Bíblia fala da possibilidade das doenças psicossomáticas em situações em que as emoções doentes acabam afetando o corpo biológico: "O coração bem-disposto é remédio eficiente, mas o espírito oprimido resseca os ossos". (Provérbios 17.22)

A ciência vem comprovando cada vez mais essa verdade.

À PROCURA DA FELICIDADE

Todo estresse persistente inflama e adoece e, da mesma forma, uma fé tóxica pode trazer disfunção ao funcionamento do cérebro, mesmo que você não tenha predisposição genética a determinados transtornos mentais.

Como disse anteriormente, corpo, alma e espírito se influenciam mutuamente de modo que qualquer tensão em uma dessas áreas acabará prejudicando a saúde integral de todo cristão, de todo ser humano.

Mas podemos complementar esse entendimento. Como o cérebro adoece quimicamente? Desde já adianto que essa não é uma explicação simples como pensávamos anteriormente. O Eterno criou o nosso cérebro com uma complexidade admirável. Ainda hoje não compreendemos muito bem o funcionamento dessa obra-prima carregada de mistérios.

> *Todo estresse persistente inflama e adoece e, da mesma forma, uma fé tóxica pode trazer disfunção ao funcionamento do cérebro, mesmo que você não tenha predisposição genética a determinados transtornos mentais.*

Sabemos que nosso cérebro é composto por 86 bilhões de neurônios trabalhando 24 horas por dia para nos manter em plena capacidade física e emocional. Esses bilhões de neurônios formam, microscopicamente, o nosso cérebro, gerando verdadeiras estradas por onde correm os nossos pensamentos e são processadas as nossas emoções e cognições (entendimento). Todas as nossas emoções passam pelo cérebro, mesmo aquelas cujo gatilho seja a ação do Espírito do Eterno. Esse é um conceito importante, pois uma vez que o processamento emocional passa pelo cérebro, caso ele esteja doente, a nossa vida espiritual também será afetada.

Talvez isso tenha ocorrido com Elias em 1Reis 19. Naquele texto, vemos o profeta Elias desanimado, sem esperança, querendo se isolar (deixou para trás o seu próprio ajudante) e tendo desejos de morrer. Ele orou a Deus: "Já tive o bastante, Senhor. Tira a minha vida; não sou melhor do que os meus antepassados" (1Reis 19.4).

Essa passagem das Escrituras sempre mexeu muito comigo, desde os tempos de residência médica. Como pode um profeta como Elias entrar em depressão? Eu acredito que ele vivenciou um quadro depressivo significativo, porque podemos perceber uma ideação suicida velada. Chamo isso de ideação suicida de crente.

CUIDE DO SEU CORPO ■

Cristãos em geral, quando têm desejos suicidas, apresentam pensamentos recorrentes em que expressam desejos de que Deus os leve ou que Jesus volte. São desejos de que a vida tenha um fim, mas esses desejos vêm camuflados por discursos espiritualizados.

Voltando à questão do adoecimento, o que pode ter acontecido com o profeta que o transformou em um homem sem fé e esperança? Lembremos que, antes disso, Elias teve várias experiências com Deus e realizou milagres extraordinários. A própria Bíblia nos traz a resposta nesse caso: "Elias era humano como nós" (Tiago 5.17).

Aquele homem teve uma vida espiritual intensa e produtiva, e isso sobrecarregou suas emoções significativamente. Por vezes fazemos uma análise superficial de certos ministérios cristãos, imaginando que ser líder espiritual é um processo livre de adoecimento. Pelo contrário, inúmeras pesquisas demonstram que lideranças religiosas apresentam maior risco de depressão do que a média da população e de outras ocupações.

Elias viveu em uma época marcada pela apostasia, fome e perseguição intensas. Jezabel e Acabe, o rei e a rainha da época, matavam os profetas à espada. Ele foi perseguido e constantemente se escondia em lugares onde não pudesse ser facilmente encontrado. Romantizamos muito a sua história, mas, se olharmos com mais atenção, seremos levados a concluir que não deve ter sido fácil carregar emocionalmente e espiritualmente a mensagem do Eterno em condições tão hostis.

O estresse de Elias veio do acúmulo de tensões durante a sua vida. Tensões e expectativas associadas a dias em que a morte poderia alcançá-lo a qualquer momento. Some a isso um período de escassez econômica, uma vez que Deus havia determinado que não iria chover. Aquele evento afetou toda a economia da época e por certo foi pior do que qualquer epidemia de coronavírus que tenhamos enfrentado.

A história de Elias nos mostra como as emoções e a depressão podem afetar a nossa fé. Se antes ele era um profeta confiante e sem dúvidas sobre a ação do Eterno (basta ver o episódio em que ele matou os profetas de Baal), Elias se tornou, posteriormente, um homem deprimido e refém de uma mente tomada pela angústia e pela solidão.

O estresse e as sobrecargas do ministério afetaram o funcionamento de seu corpo físico, fazendo que ele não conseguisse orar ou enfrentar Jezabel, a rainha que o ameaçava.

À PROCURA DA FELICIDADE

Esse quadro explica a razão de muitos dos nossos irmãos não conseguirem orar ou ler a Palavra do Eterno quando são tomados por depressão ou ansiedade. Se as estradas (sinapses no cérebro) que levam as informações estiverem doentes, as mensagens serão distorcidas ou não serão processadas de maneira adequada. O cérebro doente afeta a nossa espiritualidade e isso é visível nas personagens relatadas nas páginas da Bíblia.

Você já teve momentos em que tentava orar e não conseguia? Enfrentou períodos em que não conseguia guardar as informações que precisava memorizar? Não conseguia focar numa tarefa e ter atenção para ler a Palavra do Eterno? Então isso não significa, necessariamente, ter sofrido ataques espirituais. Pode ser apenas um processo de adoecimento mental que trouxe repercussões em sua espiritualidade.

Todas as informações que envolvem sentidos, memória, atenção, concentração, sentimentos, apetite, sono, inteligência cognitiva, e até a nossa personalidade, passam por redes elétricas formadas por neurônios conectados. As células nervosas (neurônios) se comunicam, mas não de maneira direta e ininterrupta. Há espaços entre elas, aos quais chamamos de sinapses.

É necessário um comunicador responsável por levar a informação de um neurônio a outro, visando transpor esses espaços. Os compostos químicos responsáveis pela comunicação de um neurônio com outro são chamados de neurotransmissores. Existem centenas deles, mas, quando falamos de depressão, de ansiedade etc., os neurotransmissores mais estudados e conhecidos são a serotonina, a noradrenalina, a dopamina, o glutamato, entre outros.

Antigamente pensávamos que as doenças do cérebro aconteciam somente por causa das baixas desses neurotransmissores. Quantas vezes já disse aos meus pacientes: "Depressão é baixa de serotonina no cérebro" ou "Ansiedade é falta de transmissão da serotonina e do GABA (o principal neurotransmissor do sistema nervoso central) de maneira organizada". Essa teoria de que as doenças do cérebro eram por baixas de neurotransmissores prevaleceu por muito tempo, mas hoje sabemos que as causas envolvem mais fatores do que isso.

De fato, devido a fatores genéticos, muitos pacientes nascem com dificuldade na produção ou na transmissão de neurotransmissores, como serotonina, dopamina e outros. Isso explica o fato de termos tantas crianças e jovens com depressão, mesmo sem pertencerem a famílias desestruturadas.

CUIDE DO SEU CORPO ■

Esses quadros, oriundos de processos genéticos, costumam causar adoecimento psíquico mais cedo, em geral com menos de vinte anos de idade.

Lembro de um paciente que atendi recentemente. Ele me disse que seu avô tinha depressão, bem como sua mãe. Disse também que desde a adolescência ele se sentia triste, pessimista e mal-humorado. "Eu tinha a sensação, doutor, de que todos eram felizes na escola, menos eu" — foram suas palavras num dia de atendimento.

Esse paciente tinha depressão desde a adolescência, mas os seus pais, por falta de conhecimento e preconceito, nunca o haviam levado a uma consulta psiquiátrica.

E como coisas assim ocorrem no cérebro? Essas dificuldades que disse anteriormente estão relacionadas às mutações em genes de neurotransmissores, em pessoas que nascem com o cérebro predisposto a desenvolver um transtorno mental. É importante saber que existirão pessoas que não terão problemas sérios, que não viverão traumas ou estresses agudos, e mesmo assim apresentarão doenças emocionais como depressão e ansiedade. Muitos de nós já nascemos condicionados a alguns transtornos e necessitaremos de tratamento pelo resto da vida (exceto no caso em que Deus fizer uma intervenção).

Quanto mais cedo uma depressão ou um quadro de ansiedade ocorrer e quanto maior o número de recaídas, maior é a chance de termos um componente genético atuando no cérebro. Saiba que muitos pensam que são dependentes de medicamentos ou de tratamentos, quando, na verdade, o cérebro deles precisa de estímulos externos para um pleno funcionamento biológico e, consequentemente, emocional. Em outras palavras, um rápido e simples diagnóstico e uma prescrição médica resolvem um problema que pode se alongar e sacrificar a pessoa desnecessariamente.

Quantos de nossos irmãos passam anos lutando contra seus sentimentos, simplesmente porque se esquecem, infelizmente, de que o cérebro é um órgão que adoece como qualquer outro e precisa ser tratado? Quantos fazem tratamento com medicamentos para hipertensão arterial, diabetes, asma, calvície, dor etc., mas se recusam a tratar as doenças da mente? Isso é puro preconceito e falta de informação.

Você já viu alguém expulsar o Inimigo quando alguém apresenta uma dor de dente? Já ouviu ou viu alguém repreender o Devorador em alguém com hipertensão arterial? Já viu alguém dizer que o diabetes aparece quando alguém está com uma brecha (se bem que comer muito poder ser uma)?

■ À PROCURA DA FELICIDADE

Dificilmente você verá casos assim. Mas pessoas com sofrimento emocional serão rotuladas de doentes pela ação do pecado e do Inimigo, agravando ainda mais as suas dores.

Entretanto, não precisamos ser reféns da genética. Como eu disse antes, a maior parte de nossas doenças não é derivada dessa fonte (pelo menos 80% delas). Quando falamos de saúde mental, de felicidade e de resiliência emocional, a maneira como vivemos determinará a saúde e o funcionamento de nosso cérebro muito mais do que a genética.

O estresse e as inflamações são os grandes vilões da saúde mental e sobre isso falarei posteriormente. No próximo capítulo vou falar sobre os princípios que regem nossa sociedade e posteriormente vocês perceberão porque estamos cada vez mais doentes e infelizes.

Capítulo 3

A SOCIEDADE QUE ADOECE

Cansaço, *burnout* e felicidade como bem de consumo

ANTES DE falar do estresse e de suas consequências para a saúde física e mental, gostaria de destacar duas coisas: como a sociedade em que vivemos é programada para nos adoecer e como a fé cristã (infelizmente) seguiu os mesmos passos da sociedade em redor.

Vivemos um período curioso da história. Nunca vendemos tantos livros de autoajuda e nunca foram divulgadas tantas fórmulas mágicas que prometem a arte da felicidade. Multiplicam-se cursos e treinamentos (nos meios

▪ À PROCURA DA FELICIDADE

cristãos, inclusive) que anunciam métodos para virar a chave, reprogramar crenças ou distribuir códigos capazes de mudar a nossa percepção tão imediatamente como fazer um macarrão instantâneo. Paradoxalmente, nunca fomos tão infelizes. O consumo de antidepressivos bate recorde, e a cada ano vivemos epidemias de transtornos mentais nunca vistas (muito antes da pandemia por covid-19).

O que está acontecendo?

Bem, primeiramente precisamos entender que vivemos na sociedade do cansaço e do esgotamento. Temos vidas aceleradas e desreguladas e somos incapazes de implantar em nossas duras realidades tempos para a solitude, para o descanso ou experimentarmos a vida comunitária sem cobranças de desempenho.

De acordo com o filósofo sul-coreano Byung-Chul Han, vivemos na sociedade do cansaço, que naturalizou a cobrança excessiva por produtividade, alta *performance* e por resultados. Aceitamos uma vida acelerada como se ela fosse o nosso novo normal. Nem mesmo a pandemia nos fez desacelerar.

Assim, nós nos acostumamos a um estado de excesso de produtividade; afinal, frases como "Trabalhe enquanto eles dormem" ou "Estude enquanto eles se divertem" viraram mantras de uma sociedade que sente aversão ao descanso, à simplicidade e ao desejo de uma vida simplesmente comum.

Han, em seu livro *Sociedade do cansaço*[1], diz que este processo existe em uma sociedade carregada de excesso de positividade. A alta pressão por metas e resultados em todas as áreas de nossa vida tem nos roubado a identidade humana e sobretudo a saúde física e mental. Expressar tristeza, cansaço ou esgotamento se tornaram pecado para o homem moderno (inclusive para cristãos).

É óbvio que nem tudo piorou. Hoje temos mais liberdade de seguir diferentes caminhos por opção pessoal e temos mais conhecimento acessível para nos provocar a mudanças necessárias. Afinal, viver em uma sociedade engessada também é altamente adoecedor.

Saímos de uma sociedade pautada pelo dever, pelo capital moral coletivo e que aceitava negativismos (dias ruins, tristezas normais, perdas, reveses etc.), e entramos numa era em que a sociedade é marcada pelo narcisismo, pela positividade tóxica e pelo excesso de produtividade. Hoje somos os nossos

---

[1] HAN, Byung-Chul. **Sociedade do cansaço**. Trad. Enio Paulo Giachini. Petrópolis, RJ: Vozes, 2019.

A SOCIEDADE QUE ADOECE ■

próprios algozes emocionais e estamos reféns de um sistema que nos mantém insistentemente ciclando e adoecendo com poucas possibilidades de pausas para refletir sobre o que realmente precisamos para viver e alcançar a cura.

Na sociedade da positividade e da produtividade a todo custo, somos encorajados a acelerar o ritmo de nossas vidas e atividades ao máximo. "Trabalhe enquanto eles dormem" e tenha um derrame antes dos 40. "Estude enquanto eles se divertem" e tenha depressão ou crise de pânico antes dos 25. "Lute enquanto eles descansam" e tenha síndrome de *burnout* aos 30. Sem perceber, estes jargões da nossa época, da sociedade do desempenho, contaminam a nossa mente e nos deixam hipnotizados no caminho do atendimento psiquiátrico.

É curioso como a espiritualidade cristã não conseguiu escapar desse processo. Afinal, a teologia do *coaching* e a pregação de temas do humanismo ganharam espaços significativos nos púlpitos, tornando igrejas e comunidades extensões do campo em que se privilegia o excesso de produtividade. Para verificar isso, basta perceber a quantidade de sermões e mensagens de autoajuda, felicidade e empoderamento humano que infestaram o discurso cristão nos últimos anos. Veremos isso no próximo capítulo.

Voltando ao tema da sociedade do cansaço, o excesso de positividade nos diz que somos capazes de fazer tudo pelas nossas próprias forças (notem que isso é claramente contrário a toda e qualquer compreensão razoável de cristianismo). Somos medidos pelo nosso desempenho, por nossa produtividade, pelos papéis sociais que desempenhamos e somos chamados a ser ativos (ou melhor, hiperativos), mesmo que isso nos roube o tempo necessário à verdadeira espiritualidade e à família. Empreender e ter automotivação são ídolos de nosso tempo. Chul Han brilhantemente diz: "somos ao mesmo tempo prisioneiro e vigia, vítima e agressor".[2]

Nesta sociedade, descansar e ter momentos de ócio produtivo tornaram-se pecados capitais. Produzimos no varejo falsos portadores de Transtornos de Déficit de Atenção e Hiperatividade (TDAH), pessoas rendidas aos medicamentos e que perderam a capacidade de descansar e viver a vida desacelerada.

Somos impulsionados a fazer, a realizar, a estarmos constantemente conectados e a conhecer as últimas novidades que viralizam no Twitter, no Instagram ou no TikTok. É um processo de cobrança insano, que culmina

---

[2] Ibidem.

À PROCURA DA FELICIDADE

em diferentes diagnósticos, como depressão, ansiedade generalizada ou simplesmente esgotamento (*burnout*).

A sociedade do desempenho, segundo Chul Han, "produz depressivos e fracassados"[3]. Essa cobrança constante pelo desempenho gera uma pressão biológica contínua em nosso sistema de regulação do estresse, pois nos impulsiona a trabalhar sem os devidos sabáticos, os períodos de descanso e recarga de energias. Nessa roda de destruição, nos sentimos frustrados, desanimados ou depressivos quando não damos conta das demandas que nos são impostas pelo estilo de vida acelerado a que estamos submetidos.

Somos medidos pelo nosso desempenho, por nossa produtividade, pelos papéis sociais que desempenhamos e somos chamados a ser ativos (ou melhor, hiperativos), mesmo que isso nos roube o tempo necessário à verdadeira espiritualidade e à família. Empreender e ter automotivação são ídolos de nosso tempo. Chul Han brilhantemente diz: "somos ao mesmo tempo prisioneiro e vigia, vítima e agressor".

As redes sociais, consideradas as vilãs, são apenas catalizadoras desse processo. Nelas, somos bombardeados pelo excesso de distorção das mensagens que pregam apenas o que é positivo. As dores e os insucessos não são compartilhados; é como se não existissem. Com isso, somos guiados por personalidades cuja vida nunca é perfeita ou feliz como acontece no *feed* do Instagram. Afinal, nas redes sociais, todos são felizes e alegres, vivendo vidas distópicas (desconectadas e contrárias) da realidade dura que enfrentamos diariamente.

Neste ínterim, sofrendo as dores e a infelicidade, nos sentimos frustrados e aumentamos a cobrança pessoal pela fórmula mágica que ainda não nos foi revelada ou não foi por nós compreendida. E ainda dizemos para nós mesmos: "Se todos são felizes eu preciso descobrir rapidamente o segredo da felicidade". Se antes construímos ídolos de barro, hoje a *performance* e a felicidade se tornam ídolos invisíveis instalados em nossas almas.

---

[3] Ibidem.

A SOCIEDADE QUE ADOECE ■

Byung-Chul Han também fez uma consideração muito importante: "é mentirosa a afirmação de que seremos recompensados da maneira como gostaríamos após tanto esforço"[4]. Já perceberam como nos é ensinado quão fácil é empreender e prosperar? Que a felicidade é uma questão de mera escolha? A realidade é que, após isso tudo, não nos restará tanto tempo para reflexão e para momentos quando, estando diante do Eterno, tentaremos resgatar o nosso senso de identidade. Não é à toa que esse processo é tão catalizador de doenças psiquiátricas, como Han diz:

> *O sujeito do desempenho esgotado, depressivo, está, de certo modo, desgastado consigo mesmo. Está cansado, esgotado de si mesmo, de lutar consigo mesmo. Totalmente incapaz de sair de si, estar lá fora, de confiar no outro, no mundo, fica se remoendo, o que paradoxalmente acaba levando à autoerosão e ao esvaziamento.*[5]

Adicionalmente, a doença da nossa sociedade está vinculada à busca da felicidade como se ela fosse um bem. Essa sensação de felicidade está ligada ao fato de estarmos na Era da Informação, com seu início datado na década de 1980, quando os meios de comunicação de massa se tornaram mais acessíveis e populares. Pensem que há trinta anos os temas relacionados à felicidade como um destino não estavam tão presentes como hoje. Em nosso tempo, a felicidade deixou de ser um caminho para se tornar um destino, ou um bem de consumo.

Se compararmos isso ao período em que as sociedades de outras eras viveram, podemos dizer que houve mudanças sociais, estruturais, econômicas e tecnológicas em um período muito curto. Ainda no final do século XX, passamos pelo que Bob Goudzwaard chamava, em 1997, de algo incomum em relação a todas as Eras anteriores:

> *Desemprego e inflação agora ocorrem conjuntamente; uma escassez de energia agrava os problemas ambientais e coincide com predições de sérias crises de alimentos. Além disso, enquanto aumentam as diferenças em outros lugares, especialmente entre países ricos e pobres, as tensões internas também aumentam, especialmente entre trabalho e capital, jovens e velhos, negros e brancos. Economistas*

[4] Ibidem.
[5] Ibidem.

À PROCURA DA FELICIDADE

> *levantam vozes de alerta. O mesmo fazem os estudiosos de relações internacionais que percebem o crescimento e a proliferação das armas nucleares – agora no Estado de "excessiva capacidade" – com temor e tremor. E o mesmo acontece com os biólogos, dada a profunda preocupação deles com o ecossistema mundial. Psicólogos, cujas salas de espera estão repletas de pessoas não mais capazes de lidar com o ritmo da sociedade atual e preparadas para enterrar sua solidão em comprimidos e drogas, da mesma maneira expressam sua preocupação. A combinação de todos esses problemas, que se reforçam mutuamente, deve ser considerada algo incomum.*[6]

Em sua obra, Bob Goudzwaard destaca como a necessidade de progresso foi essencial para a existência do capitalismo. Ao apresentar diversas abordagens para fundamentar o tema, o autor fala da importância do conhecimento, citando J. B. Bury: "[...] o objetivo característico do conhecimento é a melhoria da vida humana, o aumento da felicidade dos homens e a mitigação dos seus sofrimentos".[7] Além disso, Goudwaard indica que a busca pela felicidade é um dos motivos do progresso:[8]

> *Numa sociedade em que o progresso define o tom no qual todas as instituições e relacionamentos humanos serão afinados, é de se esperar que todos os seus membros sejam fundamentalmente influenciados por esse progresso em seus pensamentos, palavras e atos. Como o homem pode permanecer intacto enquanto a tecnologia, o governo, o sistema de salários e preços e a função gerencial são intensamente afetados por essa força? Sem dúvida, a própria personalidade humana também foi atraída de modo inescapável para o campo magnético do progresso.*[9]

Ou seja, a felicidade como um bem supremo a ser buscado é um processo recente, catalisado por mudanças que presenciamos em nossa cultura nas últimas décadas.

A realidade, porém, é que a felicidade buscada nem sempre parece estar acessível. Um dos motivos para isso é que a busca individual pelo progresso

---

[6] GOUDZWAARD, Bob. **Capitalismo e progresso:** um diagnóstico da sociedade ocidental. Viçosa: Ultimato, 2019. p. 10-11.

[7] BURY. Idea of progress. p. 205. In: GOUDZWAARD, Bob. **Capitalismo e progresso:** um diagnóstico da sociedade ocidental. Viçosa: Ultimato, 2019. p. 73.

[8] GOUDZWAARD, Bob. **Capitalismo e progresso:** um diagnóstico da sociedade ocidental. Viçosa: Ultimato, 2019. p. 78.

[9] Idem, ibidem. p. 163.

A SOCIEDADE QUE ADOECE ■

leva à escassez de tempo, uma vez que os bens produzidos para consumo tomam de nós esse bem (o tempo), seja para comprar, manter ou substituir os bens. Buscamos felicidade nas coisas, sacrificando nosso tempo e agravando nossa infelicidade.

Assim, de forma contraditória, quanto mais essa cultura progride e se torna rica, mais escasso se torna o tempo que ela tem para desfrutá-lo[10]. Ficamos rendidos a um ciclo vicioso em que buscamos a felicidade nos bens de consumo sem perceber que este processo terá um fim em si mesmo.

Já perceberam como o *marketing* associa a ideia de felicidade ao consumo? Como as propagandas associam produtos a frases ou rostos de pessoas felizes? Até o *marketing* cristão explorou isso ao dizer que a igreja deve ser um lugar onde as pessoas se sintam bem.

Apesar de a questão do consumo ter sido reforçada com o advento do capitalismo pós-moderno e seu *marketing* agressivo, o sociólogo Zygmunt Bauman afirma que o consumo é algo banal, trivial, que pode acontecer sem muito planejamento. É uma condição, permanente e irremovível, inseparável da sobrevivência biológica do ser humano, com "raízes tão antigas quanto os seres vivos, e parte permanente e integral de todas as formas de vida conhecidas de narrativas históricas e relatos etnográficos"[11].

Bauman enfatiza como o consumismo desempenha papel fundamental na transformação do passado e na atual dinâmica do modo humano de ser e estar no mundo. O autor demonstra, ainda, que, passados milênios, houve uma revolução consumista, na qual o papel do consumo tornou-se especialmente importante, senão central, para a vida da maioria das pessoas.[12]

Tudo isso corrobora com o pensamento de Goudzwaard sobre progresso e felicidade. Hoje em dia, consumo e felicidade vivem um casamento muitas vezes imperceptível por nosso estilo de vida frenético.

Outro autor que reforça esse pensamento é Gilles Lipovetsky, que aborda a questão do consumo e a relação deste com a felicidade.[13] Lipovetsky

---

[10] LINDER. The harried leisure class. In: GOUDZWAARD, Bob. **Capitalismo e progresso:** um diagnóstico da sociedade ocidental. Viçosa: Ultimato, 2019. p. 167.

[11] BAUMAN, Zygmunt. **Vida para consumo:** a transformação das pessoas em mercadoria. Rio de Janeiro: 2007.

[12] Ibidem.

[13] LIPOVETSKY, Gilles. **A felicidade paradoxal:** ensaio sobre a sociedade de hiperconsumo. São Paulo: Companhia das Letras, 2007.

■ À PROCURA DA FELICIDADE

afirma que, já no século XVIII, a felicidade adquiriu novo significado. Ainda que se pesquise em diversas fontes, a resposta será idêntica: o homem nasceu para ser livre e feliz, conforme a citação de Voltaire: "A grande ocupação, e a única que se deve ter, é viver feliz".[14] Ser feliz vai além de ser um objeto de consumo, se tornando quase um mandamento na sociedade em que vivemos.

A felicidade como bem de consumo

É desapontador perceber que a espiritualidade cristã reforçou estes conceitos e processos. A dor, o insucesso, as doenças psiquiátricas são vistas como processos negativos e impossíveis de serem vivenciados em uma era cristã, quando somos chamados a sermos felizes e prósperos. Basta reparar que nossos sermões de domingo falam pouco sobre temas relacionados ao arrependimento, ao inferno ou à necessidade de negação do ego.

Na sociedade do consumo e da felicidade como um bem a ser adquirido, as igrejas se tornaram meios para que o homem pós-moderno obtenha recursos que o auxiliem a alcançar o sentido da vida no consumo aqui e agora. O ambiente da liturgia e do culto não pode proporcionar ao cristão de nossos dias desconforto ou pensamentos que gerem tristeza ou reflexão sobre verdades eternas. Nada pode impedir os fiéis (consumidores de bens espirituais) de obterem o que desejam: seu bem-estar e sua felicidade, mesmo que isso sacrifique pilares básicos e estruturais de nossa tradição cristã.

A pós-modernidade impõe condições físicas, morais e afetivas para alcançar a vida feliz, de modo que a secularização do mundo caminhou com a sacralização da felicidade terrena. Assim, a história segue (cegamente) em progresso contínuo e ilimitado, em direção à justiça, à liberdade e à felicidade mais completa.[15]

A ideologia do capitalismo de consumo constitui uma figura tardia dessa fé otimista na conquista da felicidade pela técnica e pela profusão dos bens materiais. Simplesmente, a felicidade não é mais pensada como futuro maravilhoso, mas como presente radiante, gozo imediato sempre renovado. A felicidade é para já, esvaziada da ideia de astúcia da razão e da negatividade.[16]

---

[14] VOLTAIRE. *Lettre à Madame la Présidente de Bernière*. In: LIPOVETSKY, Gilles. **A felicidade paradoxal:** ensaio sobre a sociedade de hiperconsumo. São Paulo: Companhia das Letras, 2007. p. 333.

[15] LIPOVETSKY, Ibidem. p. 333-334.

[16] Idem, ibidem, p. 335.

A SOCIEDADE QUE ADOECE ▪

Com as Guerras mundiais, a confiança no futuro perdeu o fôlego, demonstrando um signo da cultura materialista da felicidade, como Lipovetsky afirmou:

> *O mercado oferece cada vez mais meios de comunicação e cada vez mais distrações, a ansiedade, a solidão, a dúvida sobre si mesmo fazem estragos. Produzimos e consumimos sempre mais, não somos mais felizes por isso.*[17]

Pascal Bruckner desenvolveu a ideia de que, pelo fato de a felicidade ter se tornado um ideal supremo, de modo que se tornou imperativo o direito a ela, sentem-se excluídos os que não a detêm.[18] Quanto a isso, Lipovetsky afirmou que:

> *[...] o fracasso, a solidão, as mágoas sentimentais, o tédio, a pobreza, a doença, a morte de nossos próximos, todas essas experiências trazem consigo a infelicidade, a despeito de toda imposição ideológica e do "dever de felicidade" em particular.*[19]

Se transpormos esses pensamentos para a fé cristã, podemos fazer um paralelo curioso. Se todos são felizes e eu não desfruto desta bênção do mundo moderno, o problema está em mim ou Deus tem seus filhos prediletos. Dessa forma, vendendo a felicidade em uma espiritualidade cristã secularizada e humanizada, produzimos cristãos ainda mais depressivos e frustrados.

É triste pensarmos que só nos damos conta de que vivemos em uma bolha de mentira quando nos deparamos com a dor, com o sofrimento ou com a angústia da qual nossos esforços humanos não são capazes de nos fazer emergir de maneira rápida e eficaz.

Para melhor compreensão dessa felicidade, vemos que Bauman distinguiu consumo de consumismo. Sendo o consumo inerente ao ser humano, uma vez que é necessário para a sobrevivência:

---

[17] Idem, ibidem, p. 336.
[18] BRUCKNER, Pascal. *L'euphorie perpétuelle.* In: LIPOVETSKY, Gilles. **A felicidade paradoxal:** ensaio sobre a sociedade de hiperconsumo. São Paulo: Companhia das Letras, 2007. p. 337.
[19] LIPOVETSKY, Gilles. Ibidem, p. 338.

■ À PROCURA DA FELICIDADE

> *"consumismo" é um tipo de arranjo social resultante da reciclagem de vontades, desejos e anseios humanos rotineiros, permanentes e, por assim dizer, "neutros quanto ao regime", transformando-os na principal força propulsora e operativa da sociedade, uma força que coordena a reprodução sistêmica, a integração e a estratificação sociais, além da formação de indivíduos humanos, desempenhando ao mesmo tempo um papel importante nos processos de autoidentificação individual e de grupo, assim como na seleção e execução de políticas de vida individuais. O 'consumismo' chega quando o consumo assume o papel-chave que na sociedade de produtores era exercido pelo trabalho. [...] consumismo é um atributo da sociedade.*[20]

Apesar de a superficialidade e o hiperconsumo serem itens que compõem a felicidade na atualidade, o grande ideal celebrado pela civilização consumista é a felicidade como valor central em si mesma. Todavia, a experiência de vida ensina que somos incapazes de nos tornarmos senhores da felicidade, cujos dilemas Rousseau evidenciou: ser incompleto, incapaz de bastar-se por si só, sendo necessidade humana ter companhia de outrem para conhecer a felicidade, sendo, então, a felicidade fugidia e instável.[21] Fato é que a vida real mostra que a felicidade tem que ser reinventada e ninguém detém as chaves do caminho que dá certeza de a termos possuído.

Cabe levar em conta o pensamento de Bauman a respeito da felicidade relacionada ao consumismo e à busca por soluções de curto prazo:

> *A instabilidade dos desejos e a insaciabilidade das necessidades, assim como a resultante tendência ao consumo instantâneo e à remoção, também instantânea, de seus objetos, harmonizam-se bem com a nova liquidez do ambiente em que as atividades existenciais foram inscritas e tendem a ser conduzidas no futuro previsível. Um ambiente líquido-moderno é inóspito ao planejamento, investimento e armazenamento de longo prazo. De fato, ele tira do adiamento da satisfação seu antigo sentido de prudência, circunspecção e, acima de tudo, razoabilidade. A maioria dos bens valiosos perde seu brilho e sua atração com rapidez, e se houver atraso eles podem se tornar adequados apenas para o depósito de lixo, antes mesmo de terem sido desfrutados. E quando graus de mobilidade e a*

[20] BAUMAN, Zygmunt. Ibidem.
[21] LIPOVETSKY, ibidem, p. 353-3.

A SOCIEDADE QUE ADOECE ∎

capacidade de obter uma chance fugaz na corrida se tornam fatores importantes no que se refere à posição e ao respeito, bens volumosos mais parecem um lastro irritante do que uma carga preciosa.[22]

Ao avaliar o consumo e a sociedade ao longo dos séculos, podemos compreender uma transformação mundial. Não é possível dissociar o consumo do capitalismo, uma vez que este depende daquele para subsistir. Há que levar em conta, todavia, que a tecnologia e, com ela, os meios de divulgação em massa e as ferramentas de *marketing*, cooperam em escala muitíssimo elevada para criar nos seres humanos o desejo de possuir cada vez mais bens, o desejo de consumir cada dia mais que o dia anterior.

Dessa forma, vivemos a nos moldar de forma incessante e a buscar e cumprir cada vez mais um número maior de metas. Estar formado no ensino superior até os 25 anos e com carro próprio, casado até os 30, com carreira consolidada até os 35, com filhos e casa própria até os 40, e com casa de veraneio até os 45. Isso sem contar as viagens para conhecer o próprio país e ao redor do mundo para se tornar um cidadão global e cheio de cultura. Não podemos nos esquecer de que, em meio a essa cobrança social incessante, não se pode relegar a saúde física, a alimentação e a comunhão com os amigos e familiares.

É possível observar que essa estrutura de metas e de sucesso visível e obrigatório pressiona pais e filhos, desde a infância até a fase adulta, a se tornarem parte da cultura do consumo para que a demonstração de seus resultados à sociedade seja possível. Diariamente há cobranças por ter o melhor e o mais novo lançamento tecnológico, independentemente da real necessidade de aquisição do bem.

No início do século XXI, a mídia de massa e internacionalizada em tempo real ganhou o reforço das redes sociais. Duas tecnologias unidas se tornaram a maior ferramenta no início deste século. A primeira delas é a internet, que trouxe acesso à informação instantânea. Ao ter acesso à internet, as pessoas não precisaram mais escrever cartas para se comunicar, tendo dias de intervalo até que fossem recebidas. A segunda delas é o acesso à telefonia móvel. Com ela, acabou a necessidade de procurar alguém em um lugar fixo ou ter de marcar horário para conversar, qualquer que fosse o assunto.

---

[22] BAUMAN, ibidem.

■ À PROCURA DA FELICIDADE

Claramente estou me referindo aos *smartphones,* esses aparelhos de telefonia móvel, com acesso à internet e com câmera fotográfica/filmadora acoplada em um único aparelho. As múltiplas funcionalidades e a facilidade de ter reunidos em um único equipamento portátil muitos itens que auxiliam na resolução de problemas (como ir ao banco pagar uma conta, fazer compras, buscar uma informação etc.) e ainda poder se comunicar representam benefícios enormes.

Os *smartphones* não trouxeram, porém, apenas as ferramentas necessárias para facilitar a vida e a comunicação. Com um computador com acesso à internet na mão, aumentou significativamente a adesão à vida digital, aquela existente apenas nas redes sociais.

Como disse Zygmunt Bauman na introdução de *Vida para consumo,* já no início do século, em 2006, as redes sociais se transformaram no sucesso do momento na Inglaterra, tendo aumentado mais de 600% os acessos em apenas um ano, sendo que 61% dos adolescentes entre 13 e 17 anos já tinham perfis para se relacionarem *on-line.*[23]

O autor afirmou que equipar adolescentes com confessionários eletrônicos portáteis é uma forma de treiná-los na arte de viver numa sociedade confessional, sem a fronteira que antes separava o público do privado. O que é privado passou a ser exposto publicamente como se fosse uma virtude ou um dever público. A isso damos o nome de vida digital.

Essa vida digital criou um novo tipo de consumo e de consumidor, conforme o autor explica:

> *Os colegiais de ambos os sexos que expõem suas qualidades com avidez e entusiasmo na esperança de atrair a atenção para eles e, quem sabe, obter reconhecimento e a aprovação exigidos para permanecer no jogo da sociabilidade; os clientes potenciais com necessidade de ampliar seus registros de gastos e limites de crédito para obter um serviço melhor; os pretensos imigrantes lutando para acumular pontuação, como prova da existência de uma demanda por seus serviços, para que seus requerimentos sejam levados em consideração – todas as três categorias de pessoas, aparentemente tão distintas, são aliciadas, estimuladas ou forçadas a promover uma mercadoria atraente e desejável. Para tanto, fazem o máximo possível e usam os melhores*

---

[23] BAUMAN, Zygmunt. **Vida para consumo:** a transformação das pessoas em mercadoria. Rio de Janeiro: Zahar, 2007.

A SOCIEDADE QUE ADOECE ■

recursos que têm à disposição para aumentar o valor de mercado dos produtos que estão vendendo.
E os produtos que são encorajadas a colocar no mercado, promover e vender são elas mesmas.

São, ao mesmo tempo, os promotores das mercadorias e as mercadorias que promovem. São, simultaneamente, o produto e seus agentes de marketing, os bens e seus vendedores [...]. Seja lá qual for o nicho em que possam ser encaixados pelos construtores de tabelas estatísticas, todos habitam o mesmo espaço social conhecido como mercado. [...] O teste em que precisam passar para obter os prêmios sociais que ambicionam exige que remodelem a si mesmos como mercadorias, ou seja, como produtos capazes de obter atenção e atrair demanda e fregueses.[24]

Bauman enfatizou que para atender a todas as necessidades, aos impulsos, compulsões e vícios, além de oferecer motivação, orientação e monitoramento da conduta humana, a economia consumista precisa estar baseada no *excesso* e no *desperdício*. A maioria das engenhocas que auxiliam a vida se multiplicam a uma *taxa exponencial*, de modo que a oferta perde a capacidade de demanda.

Isso poderia ser freado se não houvesse o *excesso de informação*, sendo que é estimado que mais da metade da informação científica produzida sequer é lida, a não ser pelos editores (e algumas vezes nem por eles). A linha divisória entre uma mensagem importante e um ruído foi quase removida na competição pela atenção dos consumidores potenciais. A capacidade de filtrar extrapola a capacidade dos filtros.[25]

> *Já em 2006, as redes sociais se transformaram em sucesso e treinaram as pessoas para a arte de viver numa sociedade confessional.*
> *— Bauman*

Nesse processo, nossos neurônios são levados à exaustão. Acelerados, estimulamos redes neuronais em impulsos nunca antes verificados na história humana. Esse processo já tem afetado funções cerebrais e isso tem sido comprovado por inúmeros estudos.

[24] Ibidem.
[25] Ibidem.

■ À PROCURA DA FELICIDADE

Com as redes sociais, ao tornar a si mesma um produto digital, que precisa de uma demanda de compra, de modo a atrair fregueses, a pessoa tem a intenção de vender um estilo de vida, na grande maioria das vezes não compatível com a vida real. Essa falsa vida, ao se tornar atraente, é copiada e se torna um produto de linha de produção, ou seja, massificado.

O que é atraente, ideal e massificado deixa de ser personalizado. Dessa forma, deixamos de ser seres humanos individualizados, com instintos, sonhos e formas únicos, para nos tornarmos despersonalizados em busca da felicidade.

Conforme Bauman,

> *a sociedade de consumidores talvez seja a única na história humana a prometer felicidade na vida terrena, aqui e agora e a cada "agora" sucessivo. Em suma, uma felicidade instantânea e perpétua. Também é a única sociedade que evita justificar e/ou legitimar qualquer esp écie de infelicidade (exceto a dor infligida aos criminosos como "justa recompensa" por crimes).*[26]

Felicidade tornou-se quase um produto a ser conquistado e, principalmente, demonstrado (ou mostrado publicamente) a qualquer custo. Demonstrar felicidade, expressar satisfação, principalmente nas redes sociais, tornou-se prática vital à existência para muitas pessoas. Desse modo, nos tornamos uma sociedade que vive de aparência, refém do que aparece, da imagem que se vende, de modo que ela crie desejo para que as demais pessoas do convívio tenham a percepção minimamente semelhante àquela que foi apresentada, concebida, como sendo de alguém feliz e de sucesso.

A sociedade, na busca por esse *status,* por esse estado de coisas, tem se tornado doente ao desejar ser e parecer-se mais com a vida virtual. E esta vida virtual se tornou a nova vitrine para o consumo. Pressionados pela necessidade de ser e de ter conforme o modelo de felicidade e sucesso que lhes é apresentado como padrão minimamente aceito, homens e mulheres adoecem de estresse na ânsia desenfreada por se tornarem como o outro é... ou como mostra ser.

E, para piorar, a falsa teologia copiou esse processo.

---

[26] Ibidem.

Capítulo 4

QUANDO A FÉ ADOECE
A teologia do *coaching*

TALVEZ VOCÊ tenha lido o capítulo anterior e se perguntado: "Afinal, o que isso tem a ver com a espiritualidade e a fé cristã?". Muito mais do que pensamos. Entender sociologicamente como o mundo funciona nos ajuda a entender o nível de influência (e de contaminação) teológica que ocorre em nossas comunidades. É uma ilusão achar que nossas igrejas estão imunes aos processos que a sociedade do consumo atravessa, tanto os processos que envolvem a produtividade como o desempenho, como citados no capítulo anterior.

À PROCURA DA FELICIDADE

Em primeiro lugar, para entendermos a magnitude e o poder dessas ideias, basta vermos a lista dos livros mais vendidos no Brasil pelo *site* de vendas Amazon, no ano de 2020. Entre as obras mais vendidas encontramos livros como *O poder da autorresponsabilidade*[1], *Mais esperto que o diabo*[2], *Os segredos da mente milionária*[3], *O milagre da manhã*[4] e outros como *O homem mais rico da Babilônia*[5].

Não entrarei no mérito de cada livro, afinal de contas, em cada uma dessas obras podemos aprender alguns conceitos úteis e aplicáveis ao nosso cotidiano. Entretanto, quero apresentar uma observação sobre o conteúdo comum. Livros como esses trazem em geral uma mensagem de ênfase na prosperidade emocional, no sucesso e na riqueza como definidoras de uma vida com propósito e bem-sucedida. Raramente os livros que elevam princípios de uma espiritualidade saudável, que desenvolvem as pessoas amplamente (corpo, alma e espírito) entram nessas listas. E perceba algo muito importante de ser ressaltado: se esses títulos são os mais vendidos, isso nada mais é do que um retrato daquilo que as pessoas desta sociedade estão procurando. É disso que as almas de quem busca obras assim estão se alimentando.

Como dito no capítulo anterior, a sociedade do desempenho fomenta nas pessoas essa busca, envolvendo-as em um processo cada vez mais catalisado e impulsionado pelas redes sociais. Em nosso tempo e diante desse quadro, as palavras de Jesus nunca estiveram tão fora de moda: "Disse ele à multidão: 'Se alguém quer ser meu seguidor, negue a si mesmo, tome diariamente sua cruz e siga-me. Se tentar se apegar à sua vida, a perderá. Mas, se abrir mão de sua vida por minha causa, a salvará." (Lucas 9.23,24).

Expressões como "negar a si mesmo" ou "tomar a cruz" não soam bem aos ouvidos das plateias em nosso tempo. Elas anseiam ser excitadas por métodos que prometam a felicidade, de preferência o quanto antes! Afinal, quem quer negar a si mesmo se o discurso vigente é "seja a sua melhor versão"?

Basta perceber como nossas pregações de domingo estão se tornando cada vez mais palestras motivacionais ou de autoajuda, centradas na pessoa

---

[1] VIEIRA, Paulo. **O poder da autorresponsabilidade**. São Paulo: Editora Gente, 2018.

[2] HILL, Napoleon. **Mais esperto que o diabo**. Porto Alegre, RS: Citadel, 2014.

[3] EKER, T. Harv. **Os segredos da mente milionária**. Rio de Janeiro: Sextante, 1992.

[4] ELROD, Hal. **O milagre da manhã**. Rio de Janeiro: BestSeller, 2016.

[5] CLASON, George S. **O homem mais rico da Babilônia**. Rio de Janeiro: Harper Collins, 2021.

QUANDO A FÉ ADOECE ■

e em seu bem-estar. Temas como pecado, arrependimento ou inferno foram abolidos dos louvores antes cantados todos os domingos.

Você poderá, de maneira sensata, argumentar que não existem problemas nestas metodologias humanistas e de prosperidade, e que é direito de todo ser humano buscar a felicidade e uma vida mais segura, cercada de bens e conforto. É verdade. Entretanto, como cristãos, devemos ter como norte, como sentido da vida, o verdadeiro evangelho. Este, por sua vez, nos conduzirá em direções totalmente opostas à dos conceitos ensinados por muitos gurus da autoajuda de nosso tempo.

Poderíamos enumerar uma série de influências vindas dos conceitos humanistas e positivistas nos ambientes cristãos, sobretudo nos neopentecostais. Se antes a teologia da prosperidade anunciava saúde financeira e prosperidade material, a nova onda teológica (herética) humanista vende a ideia da saúde emocional, do bem-estar, do propósito (individualista) para a vida terrena e da felicidade aqui e agora. Muitos líderes cristãos e pregadores famosos aderiram ao modelo teológico centrado na pessoa, no indivíduo e em suas habilidades, ensinando que o homem é o senhor de seu destino e o agente unilateral de sua felicidade.

Obviamente, isso é facilmente percebido nas mensagens de pregadores que amam citar frases desconexas das neurociências e em *coaches* que inundaram os meios cristãos, até mesmo os ambientes mais conservadores. Na nova onda, até técnicas antes não aceitas dentro da comunidade de psicologia clínica, como constelação familiar, são notadas por estarem em uso em movimentos e em eventos cristãos com uma nova roupagem de espiritualidade revolucionária.

Técnicas de motivação emocional são misturadas a elementos litúrgicos em cultos, nos quais é impossível separar esse conteúdo daquele apresentado em reuniões motivacionais seculares.

Nesse novo mover espiritual, a liturgia das comunidades cristãs que adotam o discurso em questão é desenhada para que o ouvinte se sinta bem e seja tocado prioritariamente em suas emoções. Luzes, técnicas vocais e até as cores das igrejas se tornaram instrumentos para uma catarse humanista coletiva, na qual o empoderamento humano e o seu bem-estar se tornem o objetivo final do culto público.

Já presenciei reuniões em que técnicas visuais, ritmos musicais e frases de repetição promoviam experiências de transe puramente emocional em muitas

■ À PROCURA DA FELICIDADE

pessoas da plateia, deixando-as confusas como se estivessem vivendo um mover espiritual. Sim, acredite: esses processos podem facilmente ser explicados por noções básicas de psiquiatria clínica, e de modo algum são manifestações do genuíno Espírito de Deus.

Promessas de sucesso, crescimento espiritual e mudança de vida são jogadas aos ventos, embaladas em versículos fora de contexto ou em frases de efeito aparentemente cristãs. No movimento teológico do desempenho e do sucesso, até o estilo dos pregadores se tornou repetitivo em função da necessidade de se chegar ao modelo que alcance a nova geração. Os gurus *gospel* da felicidade costumam ostentar um estilo de vida próspero e luxuoso, ou aparentar isso.

Obviamente, não estou com isso afirmando que não existam profissionais sérios fazendo uso de técnicas de *coach,* e que elas não possam nos auxiliar em demandas profissionais ou pessoais. Entretanto, a grande questão é que esse movimento saiu do âmbito empresarial ou da gestão de carreiras profissionais para se infiltrar, mascaradamente, dentro de comunidades cristãs com uma roupagem que aparenta ser teológica. No entanto, visam despertar o desejo desenfreado pela prosperidade e treinar as pessoas, no hábito da confissão positiva, a serem senhoras de seu próprio destino.

É interessante entender esses paralelos entre teologia da prosperidade, confissão positiva e essa nova onda pseudoteológica de nosso tempo. Em 1993, o teólogo Paulo Romeiro, autor do livro *Supercrentes,* nos trouxe o alerta sobre as heresias e as distopias pregadas pelos teólogos da prosperidade. Ele escreveu:

Para satisfação de alguns e espanto da maioria, o movimento da "confissão positiva" tem se alastrado na comunidade evangélica brasileira nos últimos anos. Conhecido popularmente como a "teologia da prosperidade", esta corrente doutrinária ensina que qualquer sofrimento do cristão indica falta de fé. Assim, a marca do cristão cheio de fé e bem-sucedido é a plena saúde física, emocional e espiritual, além da prosperidade material. Pobreza e doença são resultados visíveis do fracasso do cristão que vive em pecado ou que possui fé insuficiente. Outros ensinos pouco ortodoxos caracterizam a confissão positiva, conhecida também como "evangelho da saúde e da prosperidade", "palavra da fé" ou ainda como "movimento da fé". Seus líderes apregoam que os humanos possuem a natureza divina, que consultar médicos ou tomar remédios é

QUANDO A FÉ ADOECE ■

pouco recomendável para o cristão, que Jesus foi milionário e que a soberania de Deus é limitada pela vontade humana[6].

Na época, Romeiro dizia que esse movimento, marcado por uma ideia equivocada sobre riqueza e prosperidade, se alastrava rapidamente nos meios cristãos, até nos mais tradicionais ou reformados. Lembro que, após terminar a minha residência médica, em 2008, eu atendia diversos cristãos com quadros de depressão e frustração, vítimas da teologia que vendeu a eles promessas falsas de sucesso, de prosperidade ou de felicidade.

A teologia da prosperidade foi uma das grandes responsáveis por uma geração de crentes frustrados com a igreja, com a fé ou com ideias equivocadas que receberam de que Deus tem filhos prediletos ou que eles mesmos não tinham fé suficiente para ativar as bênçãos espirituais em suas vidas. Esses cristãos, ao não verem os resultados prometidos pelos arautos da prosperidade, entraram em depressão profunda e houve casos em que tentaram o suicídio. Foram frustrados por uma fé que não foi possível de ser vivida ou experimentada, ou pela ideia de um Deus distante e que estava acessível apenas àqueles que tiveram algum tipo de revelação especial.

Hoje, o processo segue o mesmo direcionamento. A teologia da prosperidade apenas mudou a sua roupagem. Se antes ela prometia riqueza e saúde (tornando toda enfermidade um sintoma de falta de fé), hoje ela promete felicidade, bem-estar e saúde emocional. Estas são as marcas da teologia do *coaching*: a nova teologia da prosperidade com o uniforme da autoajuda e da cultura do empoderamento que rege as sociedades seculares.

Se antes a teologia da prosperidade era marcada por frases de efeito que envolviam elementos da fé ou pela forte ênfase nos dízimos e nas ofertas, hoje a teologia do *coaching* apresenta-se recheada com frases positivas, mantras teológicos sobre sucesso e um apelo emocional extremamente intenso. Na teologia da prosperidade, percebíamos versículos usados fora de contexto. Na teologia do *coaching*, os textos bíblicos são minuciosamente selecionados pelos pregadores-gurus, de modo a vender a fórmula mágica do sucesso e da felicidade ao seu alcance.

A teologia da prosperidade e da confissão positiva foi propalada por apóstolos da verdade. A teologia do *coaching* é ensinada por pastores-celebridades,

---

[6] ROMEIRO, Paulo. **Supercrentes**. São Paulo: Mundo Cristão, 1995.

À PROCURA DA FELICIDADE

evangelistas das redes sociais, promotores da graça barata e incentivadores do evangelho do amor (em que a justiça de Deus é minimizada ou excluída). Para não entristecer nem incomodar os fiéis (ou consumidores dos bens espirituais), temas como pecado e a volta de Cristo são facilmente abolidos de toda a cosmovisão cristã.

A confissão positiva é outro aspecto interessante para compreendermos a teologia do *coaching* e suas repercussões na saúde mental. Essa teologia diz basicamente que, se o homem não gerar no mundo espiritual ou não declarar as verdades de Deus em sua vida, ele não realizará os feitos de Deus sobre a terra e, portanto, falhará em sua missão enquanto cristão.

A teologia da prosperidade apenas mudou a sua roupagem. Se antes ela prometia riqueza e saúde (tornando toda enfermidade um sintoma de falta de fé), hoje ela promete felicidade, bem-estar e saúde emocional.

É óbvio que por meio da oração somos coparticipantes com Deus em seus propósitos no mundo. Mas o espírito do evangelho nunca coloca o homem no centro ou com protagonismo.

Não é o meu propósito promover um amplo debate apologético, mas um cristão que conhece minimamente as Escrituras logo percebe que a proposta da teologia *coaching* fere princípios elementares da fé, como a soberania de Deus e sua providência em todas as situações.

A confissão positiva é uma linha de interpretação da Bíblia e da relação do homem com Deus. As ênfases nas pregações que usam esse entendimento são prosperidade e saúde. Além disso, anunciam que uma vida cristã autêntica e correta, de acordo com os seus pressupostos, estará livre de todo sofrimento se o fiel tiver fé. Doenças, como depressão e ansiedade, são experimentadas por quem tem falta de fé na abordagem deles.

A abordagem da confissão positiva aos textos bíblicos recebeu esse nome devido à ideia de que ao declarar (confessar) determinada coisa (necessidade a ser suprida, desejo a ser realizado etc.), a resposta estará garantida por Deus. Para que isso aconteça, basta crer e gerar no mundo espiritual e, depois, esperar que se cumpra o que foi confessado ou declarado.

O fundamento da confissão positiva é o uso da fé declarada. O cristão deve declarar com fé que já tem o que Deus prometeu na Bíblia, e a confissão trará saúde, curas e prosperidade financeira. De modo semelhante,

QUANDO A FÉ ADOECE ■

a confissão negativa é reconhecer a presença das condições desagradáveis e negá-las. Sendo assim, você nega a existência da enfermidade e do sofrimento, e eles desaparecerão, segundo creem.

Temos de admitir que isso se parece bastante com os discursos humanistas de nosso tempo, só que com uma roupagem bíblica, de fé. Segundo alguns gurus do pensamento (e da teologia) humanista, não é preciso apenas mudar o nosso *mindset,* a nossa configuração mental, para alcançarmos a felicidade? Não temos sido bombardeados com a ideia de que felicidade é uma questão de atitude? Se assim fosse, a situação geral das igrejas seria de plena saúde e vida financeira de grandes realizações.

Comumente, os pregadores do movimento da confissão positiva usam versículos e passagens bíblicas para fundamentar seus argumentos. Inclusive se dizem profetas que recebem diretrizes diretamente de Deus para um novo tempo. Contudo, um estudo simples sobre suas pregações demonstra que eles manipulam a Bíblia e seu sentido, a fim de iludir e enganar os leigos em suas necessidades (quando não, em sua ganância).

A confissão positiva começou nos Estados Unidos lá pelos anos 1970 e ganhou muita força no Brasil na década de 1980, por meio de teólogos como Keneth Hagin, entre outros. Este movimento foi a roupagem evangélica de movimentos seculares divulgados por *best-sellers* literários, como *O poder do pensamento positivo*[7] e *O segredo*[8].

A ênfase dessa linha de pensamento está no ser humano como tal, tendo o objetivo de empoderá-lo como se fosse um deus. Sendo assim, os pregadores que adotam essa abordagem pregam mensagens transmitindo a ideia de que o homem pode fazer algo como controlar o Deus verdadeiro e obrigá-lo a realizar as suas vontades. Nesse sentido, Deus dependeria da vontade e da fé humana para agir em nosso mundo. A confissão positiva é uma heresia extremamente perigosa, porque faz uso da Bíblia para enganar as pessoas, levando-as a crer que estão mais próximas de Deus, quando na verdade não o conhecem e estão terrivelmente adoecidas emocional e espiritualmente.

A confissão positiva voltou ao cenário cristão brasileiro após o início do movimento *coaching*. Nessa nova edição, a teologia do *coaching,* não é a declaração de verdades espirituais que atrairá a bênção de Deus, mas o uso e

---

[7]   PEALE, Norman Vincent. **O poder do pensamento positivo**. São Paulo: Cultrix, 2015.

[8]   BYRNE, Rhonda. **O segredo**. Rio de Janeiro: Sextante, 2015.

■ À PROCURA DA FELICIDADE

a tentativa de aperfeiçoamento da própria mente humana que atrairá os benefícios pretendidos. Estamos diante de algo pior: na confissão positiva era possível ver a tentativa de uma declaração de verdades espirituais (de maneira errônea). Na teologia do *coaching*, o homem é incentivado a mudar sua vida pelo poder da automotivação, do desenvolvimento da mente e de declarações de verdades positivistas motivacionais.

Novamente, a igreja e o movimento cristão evangélico simplesmente reproduziram os movimentos e princípios seculares, mas com a roupagem evangélica, no intuito de criar uma falsa espiritualidade.

Por trás do movimento *coaching* está a sedução de afirmar que podemos mudar a nossa vida pelo poder do controle mental, e que tal poder reside em nós. Se nos círculos seculares predomina a autoajuda como solução para os dilemas existenciais do homem pós-moderno, na teologia do *coaching* os cristãos são levados a acreditar que podem obter uma mudança de rota significativa em suas vidas por meio da manipulação da própria mente e do controle de suas emoções.

> *A linha de pensamento da confissão positiva enfatiza o ser humano, para empoderá-lo como se fosse um deus.*

Nesse movimento, negar a si mesmo, como ensinou Jesus, é visto como um sinal de fraqueza. Deixar de buscar uma vida extraordinária é quase um pecado. Viver o Evangelho em sua simplicidade não é compatível com uma vida cristã empoderada e significativa.

Sem perceber, desacreditamos das disciplinas espirituais ordinárias e comuns como instrumentos de transformações genuínas. Vendemo-nos à falsa ideia de que existem códigos ou segredos que apenas alguns iluminados conhecem e podem transferi-los a outros. Buscamos nos gurus a sabedoria que já está disponível nas Escrituras a todo aquele que nela crer.

Essa teologia não é apenas uma heresia a mais a ser combatida dentro de nossas comunidades. Ela faz pior, pois adoece as pessoas ao promover um processo que fomenta o surgimento de transtornos mentais entre cristãos.

Na sociedade do cansaço, o homem é incentivado a viver acelerado e hiperconectado. A teologia do *coaching* espelha isso ao captar a fé das pessoas, prometendo a cura, quando ela mesma é o próprio veneno. Ela acelera os seus adeptos, colocando pesos e cobranças que não deveriam carregar. Ela inibe nas pessoas a necessidade de buscar nas Escrituras a suficiência para o seu crescimento espiritual e o entendimento necessário para uma vida plena. Ela inibe

QUANDO A FÉ ADOECE ■

a expressão de dores. Impede o cristão comum de manifestar suas angústias diante do cotidiano duro em que vivemos.

A teologia do *coaching* promete soluções, mas no fundo é apenas um reflexo do excesso de positividade presente na cultura em que vivemos. Ela reforça a ideia de que somos muito especiais ou importantes por nós mesmos, nos afastando sutilmente da dependência exclusiva que devemos ter do Eterno. Nela, se não somos ricos, felizes ou realizados, é porque não ativamos a nossa mente da maneira correta ou não conseguimos mudar o nosso *mindset* adequadamente para atrair prosperidade e felicidade.

> *No movimento da teologia do coaching, negar a si mesmo, como ensinou Jesus, é visto como sinal de fraqueza.*

Quantos de nós pensamos que a felicidade cristã é algo que devemos atrair e que basta mudarmos as nossas crenças para sermos felizes? Quantas vezes caímos na tentação de acharmos que é em nosso interior que devemos buscar respostas que só existem no conhecimento de Cristo?

Entretanto, pressionados pela obrigação de sermos felizes e prósperos, nos tornamos vítimas ideais para líderes que nos lançarão ainda mais no abismo da sociedade do cansaço. A teologia do *coaching* nos joga na vala comum do homem secular humanista e narcisista.

Capítulo 5

O LADO BOM E O LADO RUIM DO ESTRESSE

> *Eu disse essas coisas para que em mim vocês tenham paz. Neste mundo vocês terão aflições; contudo, tenham ânimo! Eu venci o mundo. (João 16.33)*

NOS CAPÍTULOS anteriores eu falei do modo como negligenciamos o nosso corpo, do papel da genética e de como vivemos em uma sociedade doente. É preciso reafirmar que a genética não é uma força poderosa demais a

À PROCURA DA FELICIDADE

ser vencida e que as consequências da queda nos afetaram de tal modo que não temos mais o que fazer para termos o mínimo de saúde física e mental que nos propicie uma vida tranquila.

Estudos mostram que 80% de nossa longevidade é definida pelo nosso estilo de vida e apenas 20% é determinado pela nossa genética. Ou seja: nossos hábitos são os maiores responsáveis por uma vida emocionalmente saudável.

A sociedade do cansaço, acelerada, agitada e conectada, vem produzindo alterações fisiológicas (no corpo humano) nunca vistas. Isso prova, mais uma vez, que o nosso Criador está certo: precisamos descansar e ter nossos momentos sabáticos, descansos semanais.

A medicina vem mudando a forma de entender a origem das doenças e hoje dois fatores são muito importantes quando falamos sobre transtornos mentais: o estresse e as inflamações.

Todo o estresse social que vivemos e os hábitos da sociedade do cansaço levam a uma via fisiológica final: o aumento do nosso estresse corporal. Somos seres psicossociais em que todo o estilo de vida desregulado afetará o funcionamento biológico em algum momento.

Vários estudos dizem que a maioria dos casos de depressão e ansiedade é causada por estresse e inflamação no cérebro, e não por baixa da produção de neurotransmissores, como pensávamos anteriormente. A sociedade do cansaço, acelerada, agitada e conectada, vem produzindo alterações fisiológicas (no corpo humano) nunca vistas. Isso prova, mais uma vez, que o nosso Criador está certo: precisamos descansar e ter nossos momentos sabáticos, descansos semanais.

Entretanto, ao falar de estresse, temos de desconstruir um tabu de antemão: nem todo estresse é ruim!

É interessante que a ideia de que situações de dor, angústia ou estresse sejam ruins não é um conceito defendido pelo texto bíblico. Pelo contrário, as Escrituras nos guiam a uma direção oposta: situações de estresse (como tribulações) produzem efeitos positivos na caminhada do cristão: "Não só isso, mas também nos gloriamos nas tribulações, porque sabemos que a tribulação produz perseverança; a perseverança, um caráter aprovado; e o caráter aprovado, esperança" (Romanos 5.3,4).

O LADO BOM E O LADO RUIM DO ESTRESSE ■

Note que é por meio de estresses positivos e controlados por Deus que nos aperfeiçoamos na vida cristã. Algumas tribulações produzem respostas positivas de estresse, que nos preparam para viver situações futuras com maior experiência e resiliência. Deus nos fez com a capacidade de sofrermos estresse e aprender com ele. O problema de saúde ligado a esse mal ocorre quando o estresse é persistente ou exagerado.

A ideia generalizada de que todo estresse é ruim se iniciou na década de 1930, portanto no século passado, após os estudos do médico húngaro Hans Selye. Selye realizou pesquisas com cobaias sob diferentes estímulos estressores, e percebeu que as glândulas suprarrenais ficavam maiores que o normal e os animais apresentavam os mesmos sinais e sintomas quando submetidos a diferentes estímulos estressantes (temperatura extrema, drogas, barulhos e estímulos dolorosos diversos).

A partir dos experimentos com animais, o dr. Selye transpôs o mesmo raciocínio percebido nos resultados com animais para os humanos: se ratos ficavam estressados e doentes após estímulos agressores, os humanos também apresentariam respostas negativas no organismo físico quando submetidos aos mesmos estímulos (a famosa resposta ao estresse). Ele estava certo! Pessoas que vivem períodos de estresse prolongado apresentam maior produção de substâncias do estresse pelas glândulas suprarrenais e com isso ficam doentes.

A partir dessa constatação surgiu o entendimento de que a exposição ao estresse sempre seria algo ruim à saúde humana. Entretanto, várias pesquisas médicas recentes vêm demonstrando que um pouco de estresse pode fazer muito bem ao nosso corpo. Hoje sabemos que o estresse na medida certa pode melhorar o funcionamento de importantes regiões do cérebro relacionadas à memória, ao humor e ao aprendizado.

À primeira vista isso pode parecer paradoxal demais, mas devemos considerar que os hormônios e os neurotransmissores do estresse não podem ser acusados de serem os vilões do nosso organismo. Há pesquisas apontando na direção do cortisol e da adrenalina, informando que eles podem ser úteis em diversas situações clínicas. Essas substâncias exercem um efeito estimulante em muitas regiões do corpo humano, sobretudo no sistema nervoso central. Tais substâncias, originalmente, são produzidas pelo nosso organismo para nos ajudar nas defesas e nos deixar preparados para viver diferentes tipos de estímulos, sejam eles bons ou ruins. Pessoas que não possuem uma resposta positiva de estresse tendem a ser passivas e sem iniciativa.

■ À PROCURA DA FELICIDADE

Do mesmo modo, as pesquisas envolvendo cortisol e adrenalina vêm demonstrando que essas substâncias estimulantes, quando presentes na dose certa, estão associadas a uma resposta melhor em quadros de estresse pós--traumático, na melhor recuperação após uma cirurgia e no melhor desfecho psicoterápico (os pacientes ficam mais responsivos à terapia).

O estresse adequado na infância pode fazer que o nosso sistema de regulação do estresse (eixo hipotálamo-hipófise-adrenal) responda de maneira mais eficaz e equilibrada a eventos estressores na idade adulta. Crianças expostas a estímulos estressores moderados apresentam melhor resiliência (capacidade de superação de traumas e de situações estressantes), resposta mais rápida e melhor adaptação ao estresse vivido na idade adulta.

Por outro lado, a ausência desse estímulo estressor saudável pode levar a criança a se tornar um adulto com baixa resistência ao estresse. Assim, uma criação blindada e totalmente protegida de estímulos estressores pode gerar crianças pouco resistentes a traumas quando chegarem à maturidade. Crianças submetidas a traumas, a abusos e a negligências podem ser mais responsivas ao estresse pelo resto da vida, aumentando o risco de terem doenças psiquiátricas. Isso explica bem a associação elevada de trauma, abuso ou negligências na infância em pacientes com depressão e ansiedade.

Um pouco de estresse nos faz bem desde pequenos, mas o excesso pode viciar o nosso cérebro a reagir de maneira exagerada e desproporcional. Aí está o problema de vivermos na sociedade do cansaço e do excesso de produtividade: o aumento do estresse!

O estresse pode ativar o nosso sistema nervoso simpático e permitir ter mais energia, motivação e maior capacidade de decisão. Além disso, faz que reservas de energia do nosso organismo sejam liberadas, dando ao corpo mais disposição para lidar com o agente estressor.

Alguns órgãos (como o fígado), durante uma resposta boa ao estresse, despejam gorduras e glicose para que tenhamos mais energia, concentração e resistência à fadiga. Essa energia não é perceptível apenas pela parte física do nosso ser, mas também pela mental. Muitos pacientes apresentam uma energia mental significativa em períodos de estresse curtos e benéficos às atividades do nosso dia a dia. Isso ocorre porque a adrenalina tem um efeito estimulante no cérebro, atuando em regiões neuronais responsáveis pela atenção, audição, concentração e memória.

O LADO BOM E O LADO RUIM DO ESTRESSE ■

Nós usamos mais e melhor o nosso organismo em um período de estresse adequado. A constituição do nosso organismo é tão complexa que inúmeras outras substâncias são liberadas durante os momentos de estresse bom. Endorfinas, ocitocina, dopamina, testosterona e outros neurotransmissores e hormônios são liberados em uma quantidade adequada, perfeita para que possamos trabalhar melhor e sermos mais produtivos.

O estresse nos leva a utilizar o nosso cérebro de modo a extrair dele maior potencial, melhorando a confiança, a *performance* e os resultados. Muitas pessoas sentem isso e percebem esse aspecto bom do estresse. Sentem que o corpo está a todo vapor e conseguem ter prazer em algumas situações de risco controlado (a famosa expressão "adrenalina na veia" revela isso). Trata-se de um ajuste fino e perfeito em que vários neurotransmissores e hormônios são liberados sem que você perceba.

Um desses neurotransmissores, a ocitocina, é popularmente considerado o hormônio do amor, devido ao seu papel na melhora do humor, na conexão social, na redução da ansiedade e no aumento da ligação afetiva entre parceiros. E não é só isso: a ocitocina tem papel na melhora do convívio relacional, ajudando a perceber melhor as expressões emocionais e a ter mais sensibilidade ao próximo. Níveis elevados de ocitocina aumentam nossa vontade de nos relacionar com os outros e proporcionam mais empatia nos relacionamentos.

É interessante que a ocitocina é liberada durante uma resposta ao estresse bom e controlado. Nesse contexto, ela nos estimula a buscar ajuda, a procurar relacionamentos, a evitar o isolamento e até a socorrer pessoas. A ocitocina atua em nosso cérebro, aumentando nossas habilidades sociais, emocionais e cognitivas durante os momentos tensos e estressantes do cotidiano.

A liberação de ocitocina durante o estresse é uma prova de que o estresse pode ser um equilíbrio bom para o organismo, nos ajudando a produzir mais e a usarmos melhor todo o potencial cerebral que temos. Durante o estresse, nosso organismo libera ocitocina em uma quantidade suficiente para nos fortalecer nas reações negativas, o que nos ajuda a prevenir efeitos nocivos do estresse crônico e tóxico no organismo. Existem pesquisas com essa substância aplicada a tratamentos de quadros de estresse crônico.

A ocitocina também tem efeito anti-inflamatório e isso pode contribuir para uma melhor saúde dos neurônios a longo prazo. Também há estudos dizendo que doenças como a depressão e a ansiedade podem estar relacionadas

■ À PROCURA DA FELICIDADE

a mecanismos inflamatórios no cérebro, e a ocitocina pode ser benéfica na modulação (redução) dessa inflamação.

O estresse produz um aprendizado saudável em nosso organismo, gerando verdadeiras memórias positivas que nos preparam para lidar melhor com futuras adversidades.

Após uma fase boa de estresse, o nosso organismo não se recupera de maneira rápida e imediata. Por horas, e até por dias, o cérebro fica ativado, ajudando-nos a memorizar a experiência e todo o aprendizado que possa ser obtido com a situação estressante. Isso prepara o indivíduo para viver e ter melhor resposta (e adaptação) às crises futuras de estresse. O corpo humano literalmente aprende a ficar mais resiliente e resistente com o estresse.

O estresse faz que regiões do cérebro, como o hipocampo (área importante para a memória), modifiquem sua arquitetura de neurônios, registrando memórias positivas e negativas. Chamamos isso de neuroplasticidade. O conceito explica como as tribulações produzem perseverança e modificam nosso caráter (personalidade).

Neuroplasticidade, também conhecida como plasticidade neuronal, é a capacidade do sistema nervoso de mudar, modificar-se, adaptar-se e moldar o seu nível estrutural e funcional ao longo das diferentes fases da vida e quando experimentamos novas situações. Antigamente, a medicina achava que o cérebro não se modificava muito depois do início da idade adulta. Seguindo esse raciocínio, os neurônios teriam atingido toda a maturidade e poucas alterações positivas poderiam ser feitas depois disso.

No entanto, hoje sabemos que não é assim. Nosso cérebro tem uma capacidade de modificação de sua arquitetura e conexões, ou seja, ele apresenta neuroplasticidade. A mente muda constantemente e isso é algo que guarda relação com o que as Escrituras ensinam sobre renovação da mente.

Neurotransmissores do estresse (cortisol, ocitocina, DHEA, BDNF) aumentam a neuroplasticidade para que o cérebro possa aprender cada vez mais com as situações estressantes. Se o estresse for de curto prazo e na medida certa, novas conexões neuronais são formadas e ficamos com uma rede de neurônios mais rica, esperta, ativada em várias regiões do cérebro.

De maneira simples, podemos dizer que processos que começam no que nós cristãos chamamos de alma (vida emocional), produzem modificações em nosso corpo (natureza biológica) em uma via de mão dupla. Assim, nos tornamos cada vez mais perfeitos e aperfeiçoados para os propósitos que Deus

O LADO BOM E O LADO RUIM DO ESTRESSE ■

planejou para cada um de nós. Podemos dizer que ensinamos progressivamente o nosso corpo a lidar com o estresse.

O estresse pode nos ajudar a crescer, a processar e a integrar as experiências traumáticas de modo positivo. Sem um pouco de estresse, não avançamos em nenhuma área de nossa vida e não nos desenvolvemos.

O lado ruim do estresse

Nem tudo são flores! Se o estresse for persistente e contínuo, perderemos os efeitos positivos e viveremos sob o caos do estresse patológico.

Para início de conversa, precisamos saber que muitos consideram, hoje, o estresse o maior gatilho para transtornos físicos e mentais. As repercussões desse conjunto de perturbações emocionais e orgânicas estão diretamente ligadas à qualidade de vida do indivíduo, da família e da sociedade, além de ser aceito como um dos principais fatores de risco para as doenças cardiovasculares (infartos) e psiquiátricas, segundo o Ministério da Saúde do Brasil. Ou seja, podemos afirmar que o estresse, realmente, mata pessoas e isso tem sido cada vez mais comum.

É impossível viver uma vida sob efeitos do estresse crônico e persistente sem adoecer e ter repercussões negativas em nossa saúde física e mental. O estresse crônico acaba liberando quantidades excessivas de substâncias químicas em nosso sangue que são extremamente tóxicas ao nosso organismo, prejudicando nosso equilíbrio.

Esse desequilíbrio comprometido prejudica o bem-estar geral do indivíduo. O esgotamento físico e emocional está relacionado ao cotidiano vivenciado e a todo o histórico de experiências a que a pessoa foi exposta. Ou seja, as pessoas podem ter respostas diferentes vivenciando o mesmo estresse. Isso depende de questões genéticas, mas principalmente da maneira como aprenderam a lidar com o estresse. É por isso que nunca podemos comparar as dores de pessoas diferentes ou dizer a alguém que ela não sabe o que é sofrimento. Cada um de nós foi treinado a responder ao estresse de maneira diferente, fazendo que o mesmo estímulo ocasione reações muito diferentes em cada indivíduo.

O somatório de genética e estresse torna-se um desafio para o organismo permanecer saudável e equilibrado. Ter uma vida com episódios de desequilíbrio constantes afetará diretamente o funcionamento das células e a atuação dos hormônios no organismo; por fim, isso terá consequências físicas e emocionais extremamente graves a longo prazo. Uma dessas consequências é que o nosso cérebro se inflama como resultado do estresse crônico. Essa inflamação cerebral será o gatilho para transformar o esgotamento crônico em doenças como depressão e ansiedade.

Já se perguntaram por que temos tantas pessoas tratando ansiedade ou depressão nos dias de hoje? A vida acelerada e a sociedade do cansaço sobrecarregam nossas redes de neurônios, nos tornando cristãos cada vez mais doentes.

Entenda que nem todo estresse é ruim e que fomos feitos por Deus para termos doses saudáveis de estresse. Mas, em nossos dias, em vez de vivermos momentos e picos de estresse, estamos vivendo dias, meses ou até anos sem permitir que nosso organismo descanse e recupere seu funcionamento normal.

Isso parece complicado? Com certeza é. Estudos apontam, por exemplo, que o estresse crônico está intimamente relacionado a doenças como a depressão e até a alguns tipos de câncer, como o câncer de mama e o câncer de próstata.

Um ponto de vista fundamental é o de que a saúde mental é mais do que a ausência de transtornos mentais. A saúde mental também é saber se relacionar com as emoções e com os sentimentos, bem como a autorregulação emocional e a homeostase corporal (equilíbrio químico, osmótico e elétrico corporal).

Portanto, o fato de não estarmos sendo acompanhados por um médico psiquiatra não indica, necessariamente, que não tenhamos questões emocionais frutos de estresse. O estresse crônico pode causar sintomas comportamentais sem que tenhamos um diagnóstico claro de depressão e ansiedade. Segundo uma pesquisa desenvolvida em 2010 pelo International Stress Management Association (ISMA), o Brasil é o segundo país com maior prevalência de estresse no mundo, perdendo apenas para o Japão.[1]

O estresse crônico pode ser entendido como um conjunto de aflições, angústias e sobrecarga emocional persistentes, que exercem pressão sobre o corpo por longo tempo, ininterruptamente.

---

[1] LARANGEIRA, Annelise. Brasil, o segundo país do mundo com maior nível de estresse. **Conectar Mentes Academy**. Disponível em: <https://www.conectarmentes.com.br/blog-posts/brasil-o-segundo-pais-do--mundo-com-maior-nivel-de-estresse>. Acesso em: 20 fev. 2022.

O LADO BOM E O LADO RUIM DO ESTRESSE ∎

Pensando em nós como seres biológicos e espirituais, temos de entender que é normal que o cristão fique estressado. Afinal, Deus não prometeu em nenhum trecho de sua Palavra que estaríamos imunes ao estresse e à ansiedade. Ao contrário! Ele afirma que todos estaríamos sujeitos a experiências de aflição. Porém, ele disse que permitiria vivermos essas situações amparados pela esperança que ele nos dá e por seu cuidado. O apóstolo Paulo, servo de Deus e homem de grande fé, descreveu o estresse e a ansiedade que experimentou:

Irmãos, não queremos que vocês desconheçam as tribulações que sofremos na província da Ásia, as quais foram muito além da nossa capacidade de suportar, a ponto de perdermos a esperança da própria vida. De fato, já tínhamos sobre nós a sentença de morte, para que não confiássemos em nós mesmos, mas em Deus, que ressuscita os mortos. (2Coríntios 1.8-9)

Se olharmos para os textos bíblicos, veremos vários homens e mulheres de Deus que passaram por períodos de estresse persistente e elevado, mas de igual modo receberam o escape, o cuidado e a renovação de suas mentes.

O estresse apresenta três estados ou fases. O primeiro estado, chamado de ALARME, manifesta-se quando o organismo é exposto ao agente estressor, ativando um estado de alerta. É uma fase normal e que dura pouco tempo. Pode-se admitir que tem um aspecto positivo, pois nos faz tomar decisões, correr atrás de objetivos, viver com intensidade para alcançar uma meta, quando isso é necessário. Eu diria que essa fase é aquela do famoso friozinho na barriga. É esse estresse bom que nos permite estudar para uma prova, bater metas na empresa ou nos preparar para um encontro amoroso.

Já o estado seguinte foi denominado de RESISTÊNCIA. Nele, o estado de alerta do organismo permanece. Se ele persistir, o organismo adoecerá a médio prazo.

Muitos pacientes que atendo chegam ao consultório nesse estágio. Não estão com depressão ou ansiedade, mas já apresentam sinais iniciais de estresse persistente: alterações de memória, insônia, irritabilidade etc.

O último estado é chamado ESGOTAMENTO e acontece após a persistência do agente estressor, de forma crônica. Nesta fase, pode ocasionar uma falência dos mecanismos de adaptação do organismo, levando à exaustão e ao adoecimento. É o estado em que o estresse causa doenças físicas e emocionais. Se chegar a este ponto, o paciente apresenta um diagnóstico de depressão,

■ À PROCURA DA FELICIDADE

ansiedade ou alguma doença clínica. Para a maioria das pessoas são necessários meses ou anos de estresse para entrar nessa fase de esgotamento.

Devemos compreender que todo o estresse a que somos submetidos ocorre em um ponto final, modificando o funcionamento de nossas células. O funcionamento alterado das células altera o funcionamento de todos os demais órgãos do corpo humano e, consequentemente, o estresse crônico não poupa nenhum sistema fisiológico.

Posso dar um exemplo. O estresse crônico pode afetar o DNA das células, fazendo-as produzir substâncias responsáveis por sua própria morte! Em outras palavras, aos poucos o estresse vai matando o corpo humano. É por isso que vários estudos têm demonstrado que o estresse crônico é o maior responsável pela morte prematura de neurônios e, consequentemente, pelo envelhecimento cerebral precoce.

Estudos também demonstram que o estresse crônico produz uma série de substâncias inflamatórias que circulam pela corrente sanguínea e atacam as células neurais. Aos poucos, nossos neurônicos morrem em decorrência de inflamações microscópicas que ocorrem no corpo e param de coordenar adequadamente o nosso funcionamento corporal normal.

Quando digo que ocorrem inflamações, não estou me referindo a uma inflamação aguda, como uma inflamação pelo coronavírus. Há pessoas que, estando sob o efeito do estresse, produzem uma série de substâncias inflamatórias que circulam na corrente sanguínea, aumentando o risco de doenças como depressão, ansiedade, câncer e diabetes. Por exemplo, posso mencionar substâncias inflamatórias como interleucinas, TNF@, prostaglandinas e outras.

Mas onde nasce o estresse? Poucas pessoas sabem, mas o estresse nasce dentro de nosso cérebro e termina nas glândulas suprarrenais, em uma rede de conexão chamada eixo hipotálamo-hipófise-adrenal. Nosso cérebro, sob efeitos de estresse, dá ordens para nossas glândulas suprarrenais (situadas em cima dos nossos rins) produzirem substâncias que nos ajudam a vencer o estresse: cortisol, adrenalina etc. O problema é que se o estresse for persistente, este eixo ficará superestimulado, produzindo quantidades exageradas dessas substâncias e causando diversos danos à saúde.

Não há como negar a profunda ligação que existe entre o sistema nervoso e nossas glândulas, interferindo na secreção de neurotransmissores e hormônios, que são os grandes mensageiros para controle e regulação do organismo. O primeiro atua em milissegundos, e o outro, em horas e até dias.

O LADO BOM E O LADO RUIM DO ESTRESSE ■

Isso é chamado de psicoendocrinoneuroimunologia. Nome grande! Mas vou traduzi-lo: o estresse nasce no cérebro, como uma resposta às tensões emocionais, o que afeta nosso sistema endócrino, hormonal, neurológico e imunológico. Já perceberam que o estresse baixa a imunidade? Isso acontece porque o processo ocorre inicialmente pelo excesso da liberação de um hormônio chamado ACTH, que se dá pelo nosso hipotálamo, uma das regiões do cérebro. Quantos pegam mais gripe quando estão estressados? Já viram como nossos hormônios ficam desregulados se o estresse for persistente? Mulheres não menstruam ou menstruam de maneira irregular, passam a apresentar doenças como candidíases ou simplesmente se sentem cronicamente cansadas.

O eixo hipotálamo-hipófise (HP) é reconhecido como a chave efetora[2] em resposta ao estresse (Veja Figura 1, p. 105). É o botão do estresse no cérebro, o local onde o estresse é desenvolvido e processado pelo corpo. Mas a via final do estresse não ocorre no cérebro, e sim nas glândulas suprarrenais. Sim! Estas pequenas glândulas situadas em cima dos rins são as responsáveis por liberar as principais substâncias do estresse no nosso corpo: o cortisol e a adrenalina. O cérebro dá a ordem, mas quem executa as funções do estresse são as glândulas suprarrenais. Isso é chamado de eixo hipotálamo-hipófise-adrenal (HPA).

Quando o eixo HPA fica estimulado por muito tempo, as glândulas suprarrenais são induzidas a produzir quantidade muito elevada de cortisol e adrenalina. Essas substâncias em quantidade elevada, quando persistentemente liberadas no organismo, são responsáveis por diversas doenças.

Darei outro exemplo. Veja como o estresse afeta a memória. A ativação do eixo HPA faz que as glândulas suprarrenais produzam mais cortisol no nosso organismo, gerando um estado de inflamação persistente. O excesso de cortisol invade o cérebro e altera o funcionamento de uma região muito importante para o funcionamento adequado da memória: o hipocampo. Esse é um exemplo simples, mas que demonstra como as reações químicas do estrese alteram nossa mente em sintomas que muitas vezes são ignorados, como os sinais de alerta que o corpo emite de que estamos esgotados. Perder a memória é sinal importante de esgotamento e de estresse crônico.

---

[2]   As células efetoras combatem especificamente partículas infecciosas, impedindo sua proliferação. [N. do P.]

Na figura a seguir, podemos ver o que é o eixo hipotálamo-hipófise-adrenal.

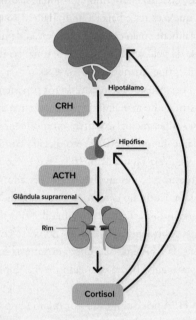

Figura 1: Eixo hipotálamo-hipófise-adrenal (Editora Vida, 2022).

Estudos vêm demonstrando que pacientes com níveis mais altos de cortisol têm piores respostas ao uso de antidepressivos. Eles literalmente têm depressões mais graves. Por outro lado, na fase de exaustão, as glândulas suprarrenais podem entrar em falência, gerando níveis de cortisol extremamente baixos.

A duração da aplicação do estímulo estressor também influencia a natureza da resposta dos neurônios. Estressores agudos, como um único evento por tempo limitado, com duração de minutos ou horas, leva à ativação neuronal e à liberação hormonal. Isso envolve principalmente o sistema nervoso autônomo. O aumento é seguido, após o evento estressor agudo, por um rápido retorno aos níveis basais. É um estresse bom que ativa o cérebro para a tomada de decisões. É por isso que não conseguimos viver sem estresse para apresentar um trabalho ou para ter um encontro amoroso.

O LADO BOM E O LADO RUIM DO ESTRESSE ■

Já o estresse crônico,[3] com exposição prolongada e duração de cerca de uma semana ou mais, provoca mudanças progressivas na expressão de genes específicos de forma contínua e sustentada, levando a alterações estruturais neuronais, além da ativação do eixo HPA.[4]

Esse evento modifica os neurônios, mata-os, leva a alterações hormonais e pode causar doenças a médio prazo. Sendo assim, o estresse crônico leva à redução do número de neurônios, a dificuldades para executar atividades mais elaboradas, como ser criativo e focado.

Como cristãos, se nos conscientizarmos de que é necessário aprender a lidar com situações emotivas e espirituais, tendo um ambiente seguro, estaremos mais próximos do que ensinou Jesus. Pausas de tempos em tempos, conseguindo desligar-nos do ambiente em que estamos e de preocupações insistentes e excessivas, diminuem a sobrecarga, possibilitando aos neurônios restabelecer as relações neurotransmissoras e se revitalizarem. Deus sabiamente nos fez para períodos de descanso sabáticos, e a quebra deste princípio elementar é o início de muitas doenças. Voltarei a este tema mais a diante.

Além disso, precisamos viver uma espiritualidade que não aumente nosso estresse por meio da culpa ou de cobranças excessivas por metas e resultados.

Por isso, precisamos romper paradigmas e criar posturas ao encarar a dinâmica de viver e experimentar o caminho da vida.

Costumo dizer que, quando surge aquela sensação de que estamos iguais a um celular com seus últimos 5% de bateria, é um alerta mais do que suficiente de que estamos prestes à exaustão. Muitos tentam subterfúgios, como fazer exercícios físicos ou respiratórios, compras, recorrer a bebidas alcoólicas, a comidas etc. Porém, nem tudo convém. Para manter e melhorar a saúde mental e espiritual é necessário cavar mais fundo. Ao longo deste livro quero ajudar você a ter uma vida mais equilibrada. Use com sabedoria os seus últimos 5% de bateria, buscando ajuda psicológica, médica e espiritual para que possa recarregar totalmente as suas energias.

---

[3] O estresse crônico também é capaz de levar à significativa redução da arborização dendrítica (neurônios) nas regiões do giro do cíngulo, hipocampo, região da amígdala e córtex pré-frontal, além de predispor a comportamentos ansiosos e depressivos, demonstrando a influência direta do estresse no sistema nervoso central e seu desenvolvimento. Ou seja: os neurônios ficam "capados", cortados, sem configurarem uma árvore frondosa, morrendo mais cedo. O estresse vai aos poucos matando nossos neurônios.

[4] Revisto por PACÁK, K.; PALKOVITS, M. Stressor specificity of central neuroendocrine responses: implications for stress-related disorders. **Endocr. Rev.** 22: 502- 48. 2001.

■ À PROCURA DA FELICIDADE

Não estamos sozinhos e somos muito parecidos uns com os outros, muito mais do que imaginamos. Somos seres relacionais, precisamos de afeto, amor, empatia e, a partir do senso de *divinitá,* que é o senso da onipotência e onipresença divinas, precisamos buscar Deus por meio de Cristo Jesus.

> *Vinde a mim, todos os que estais cansados e oprimidos, e eu vos aliviarei. Tomai sobre vós o meu jugo, e aprendei de mim, que sou manso e humilde de coração; e encontrareis descanso para as vossas almas. Porque o meu jugo é suave e o meu fardo é leve. (Mateus 11.28-30 ARC)*

No restante deste livro apontarei soluções para uma vida mais saudável e equilibrada. Os primeiros capítulos desta parte do livro serviram para mostrar e conscientizar você da necessidade de refletirmos sobre como nosso estilo de vida e a fé tóxica podem adoecer.

Capítulo 6

NÃO SEJA EXTRAOR- DINÁRIO

isso adoece

APESAR DE haver grandes homens e mulheres de Deus na História da Igreja, o cristianismo é feito e vivido, na maioria dos casos, por cristãos comuns. Esses cristãos são pessoas desconhecidas, sem muitos seguidores no Instagram e tampouco conhecidos como grandes pregadores e influencers da atualidade. Entretanto, pregam o Evangelho, ensinam com fidelidade e vivem vidas piedosas, servindo nas igrejas locais.

■ À PROCURA DA FELICIDADE

Talvez eles nunca tenham suas histórias registradas em livros de grande repercussão nem recebam reconhecimento do grande público, mas constroem, todos os dias, uma espiritualidade carregada de fé e de significado.

Na sociedade do cansaço e do espetáculo, somos chamados a ser extraordinários, hiperativos, multiplicadores, máquinas de fazer discípulos, adorados por todos e prósperos em diferentes áreas de nossas vidas. Somos convocados a ser extraordinários, épicos, revolucionários, incríveis, inovadores e disruptivos. Uma vida cristã comum, normal, é malvista ou repelida como sinal de uma existência subutilizada e insignificante. Ninguém quer ser comum, simples ou viver um chamado pequeno dentro de seus lares ou comunidades.

Você pode argumentar que não há nada de errado em querer se desenvolver e se aperfeiçoar. De fato, não há problema algum em se capacitar e buscar novas metodologias de ensino e aprendizado e caminhos alternativos para o desenvolvimento pessoal.

> *A fé, que deveria promover cura, sendo ensinada nesses termos nos submete ao esgotamento já experimentado em nossa vida social e profissional.*

Entretanto, o exagero em querer sempre viver algo novo e viver uma vida radical ou extraordinária vem roubando, aos poucos, o valor e a beleza das disciplinas cristãs que podem ser experimentadas no discipulado de longo prazo. Sem perceber, substituímos as disciplinas espirituais por uma busca inquieta e inquietante de fórmulas mágicas que garantam a nós o sucesso espiritual rápido e com o mínimo esforço necessário.

Queremos que Deus se curve à nossa pressa nervosa e se renda aos anseios de nossa era imediatista, como advertiu o pastor e escritor A. W. Tozer.

A pressão pela excelência e a cobrança excessiva por resultados espirituais imediatos nos tornam cada vez mais cansados, deprimidos, exaustos e frustrados. A espiritualidade, que deveria ser uma forma de contracultura de alívio e esperança, se torna, aos poucos, um agente de *burnout* espiritual. A fé, que deveria promover cura, sendo ensinada nesses termos nos submete ao esgotamento já experimentado em nossa vida social e profissional.

Deixamos de valorizar o que é simples e comum. Perdemos de vista o cristianismo que sempre ofereceu a graça de Deus sendo entregue em ambientes corriqueiros, ordinários e simples, por meio de pessoas comuns, com vidas comuns e sem os holofotes ou publicações artificiais das redes sociais

NÃO SEJA EXTRAORDINÁRIO ■

Mais do que isso, sutilmente nos rendemos à ideia de que, na construção da fé e da verdadeira espiritualidade, existem fórmulas mágicas de crescimento. Aceitamos os encantos da sociedade do empreendedorismo rápido que nos diz ser possível o amadurecimento cristão sem disciplina, submissão e compromissos de longo prazo. A sociedade do cansaço e da vida hiperativa produz uma fé acelerada, focada em números e resultados imediatos, onde o espírito quantitativo sufoca a espiritualidade genuína do Eterno.

Criamos uma geração de cristãos frustrados e angustiados, sempre em busca de um lugar ou de alguém que os tire do comum ou traga alguma revelação especial que transforme radicalmente a nossa existência. Medimos nossa vida por números e tornamos nossas comunidades máquinas de crescimento e reprodução de conceitos semelhantes a empresas de *marketing* multinível.

Nessa cultura, somos aterrorizados pelo tédio e buscamos o novo constantemente. Muitos cristãos esperam ansiosamente um novo avivamento, uma nova revelação ou um novo êxtase. Entretanto, a busca pelo novo ou pelo extraordinário nos impede de viver uma espiritualidade genuína e frutífera nas coisas comuns e nas oportunidades corriqueiras que Deus nos proporciona todos os dias. Ao buscarmos avivamentos ou vidas extraordinárias, nos esquecemos que, na jornada de fé, Deus usa prioritariamente cristãos em chamados comuns.

Ao buscarmos avivamentos ou vidas extraordinárias, nos esquecemos que, na jornada de fé, Deus usa prioritariamente cristãos em chamados comuns.

Doutrinas e disciplinas que formam o caráter cristão e seu fiel testemunho são marginalizadas ou substituídas por novidades ou por modelos e métodos revolucionários que não dão o mesmo resultado que as práticas milenares que a Igreja sempre conheceu. Desvalorizamos o discipulado. A escola bíblica dominical (e trabalhos similares) tornou-se peça de museu ou metodologia ultrapassada. Queremos nos aprofundar nas Escrituras assistindo *lives* ou em postagens de redes sociais. Cristãos piedosos no estudo contínuo das Escrituras são rotulados como fundamentalistas ou radicais.

Paralelamente, a vida cristã se tornou individualista e narcisista. Se antes cantávamos "em adoração, eu me rendo a ti", hoje cantamos "quero te beijar, quero te tocar" ou "quero te sentir". Se os louvores do passado recente

■ À PROCURA DA FELICIDADE

exaltavam a majestade de Deus, seus atributos e seus decretos, os novos mantras colocam o homem no centro das atenções e transformam a espiritualidade em um afeto egoísta.

Tudo isso nos torna cristãos inquietos e ansiosos, sempre em busca da felicidade ou do propósito em um lugar onde não estamos. Presos ao futuro, deixamos de frutificar e de ser úteis no presente comum e corriqueiro.

Ser um grande pregador ou ministro de louvor pode ser um chamado de Deus para alguns, mas consertar o cano quebrado de um vizinho, alimentar o faminto ou compartilhar fardos e alegrias em uma igreja local também pode ser um chamado extremamente enriquecedor e carregado de significado.

Vidas cristãs comuns, regadas a oração e cheias de generosidade, não impressionam mais, mas é no cotidiano vivenciado na escola, no trabalho ou em casa que Deus exerce seus maiores milagres todos os dias. Retiros, acampamentos ou congressos são oportunidades para crescimento espiritual, mas nos momentos ordinários é que crescemos em estatura rumo a uma espiritualidade emocionalmente saudável.

Há comunidades que substituíram ministérios comuns e ordinários por eventos semelhantes a convenções de *marketing* de empresas multinacionais e milionárias. O cristão do nosso tempo precisa ser motivado, impulsionado e atraído por promessas (falsas) em eventos de final de semana, com promessas de que terão suas vidas transformadas sem o exercício de disciplinas e práticas cristãs de longo prazo.

Quem disse que para vivermos uma fé que agrada a Deus precisamos de ministérios extraordinários? Por que, cada vez mais, damos valor às experiências místicas ou emocionais em detrimento da leitura atenta da Palavra de Deus? Por que ansiamos por relevância, se Deus, ao longo da História da Igreja, usou cristãos comuns em seus ofícios cotidianos, por vezes entediantes ou repetitivos? Quantos querem fazer missões em projetos transculturais, mas não plantam sementes nos jardins que envolvem suas casas!

Precisamos resgatar o sentido comum e a fé simples. Não podemos permitir que os valores da sociedade do cansaço e do empoderamento contaminem nossa espiritualidade, nos tornem em máquinas de produtividade ou em manipuladores evangélicos que acreditam ser possível sujeitar Deus ao sabor de nossas necessidades.

Que vivamos uma fé real e valorizemos uma fé comum.

Capítulo 7

NEGUE A SI MESMO

Se alguém que me segue amar pai e mãe, esposa e filhos, irmãos e irmãs, e até mesmo a própria vida, mais que a mim, não pode ser meu discípulo. E, se não tomar sua cruz e me seguir, não pode ser meu discípulo. Da mesma forma, ninguém pode se tornar meu discípulo sem abrir mão de tudo que possui. (Lucas 14.26,27,33 NVT)

Disse ele à multidão: "Se alguém quer ser meu seguidor, negue a si mesmo, tome diariamente sua cruz e siga-me. Se tentar se apegar à sua vida, a perderá. Mas, se abrir mão de sua vida por minha causa, a salvará". (Lucas 9.23,24 NVT)

À PROCURA DA FELICIDADE

Até mesmo coisas boas podem ser corrompidas quando nos curvamos para dentro de nós. É por isso que temos de morrer. Na verdadeira versão da história do evangelho, aprendemos que todos morrem a fim de serem ressuscitados como membros vivos da nova criação: justificados, adotados, ressuscitados com Cristo, que "nos fez assentar nos lugares celestiais em Cristo Jesus" (Efésios 2.6,7). Esquecemos que não podemos ser felizes enquanto procurarmos a felicidade; não podemos ser bem-sucedidos ao almejar o sucesso; não podemos estar apaixonados ao tentarmos ser mais apaixonados. Necessitamos alguma outra pessoa, diferente de nós, para amar, desejar, em quem confiar. Não podemos inventar nem reinventar a nós mesmos. Não escolhemos nossa própria natureza em um supermercado de opções ilimitadas. Essa é uma fábula que continuamos a nos contar enquanto voamos com asas de cera rumo ao sol.[1]

JESUS APONTA o caminho para o seguirmos e ao olharmos atentamente para suas palavras, vemos que elas estão na contramão da cultura narcisista e hedonista em que vivemos.

Vivemos a sociedade da autonomia, que diz que você deve ser quem você quiser e buscar a todo custo a felicidade e a autossatisfação. Mas o Mestre ensina a quem quiser aprender que, para sermos um de seus seguidores, precisamos negar a nós mesmos, tomar a nossa cruz e o seguir. É oportuno notarmos que Jesus não nos encorajou a uma vida independente ou focada em conquistas pessoais, mas em um processo de aparentes perdas pessoais para, enfim, conseguirmos realmente o que mais importa.

Uma multidão seguia Jesus, mas ele procurou deixar claro para aqueles que estivessem dispostos a segui-lo quais eram os custos e as atitudes que os verdadeiros discípulos deveriam assumir. Não vemos ideias humanistas ou promessas dissociadas da vida comum, nem estratégias associadas à felicidade ou ao autodesenvolvimento para uma vida próspera. Nenhum guia de sete passos eficazes para o desenvolvimento da mente humana ou para uma vida emocional inteligente. O caminho do discípulo, como proposto por Jesus, envolve um processo em que a única forma de autenticidade é tentar imitá-lo em todas as suas obras e em todos os seus feitos.

---

[1] HORTON, Michael. **Simplesmente crente**: por uma vida cristã comum. São José dos Campos, SP: Editora Fiel, 2018. p. 86.

NEGUE A SI MESMO ■

Para seguirmos Jesus, precisamos assumir três atitudes: amá-lo mais do que todas as coisas, aceitar sofrimentos e sermos capazes de renunciar a qualquer coisa que se interponha entre ele e nós. Em uma sociedade pautada no autoconhecimento e no amor-próprio, as palavras de Cristo incomodariam muitos se verdadeiramente fossem aplicadas.

Assim como nos tempos de Jesus, muitos o rondavam e ouviam suas palavras, e faziam isso por pura curiosidade, em busca de autoconhecimento, como prometido em religiões da época ou porque ele se tornou a grande novidade da época. Havia alguns mais próximos a Jesus, mas não compreenderam exatamente o risco que seguir seus passos de todo coração envolvia.

Esse processo que ele ensinou não difere de como é em nosso tempo. Hoje em dia, muitos querem seguir um Jesus genérico, dado a pautas sociais e que no futuro garanta a salvação por obras meritórias. Há pessoas que frequentam igrejas durante um longo tempo, fazendo delas uma espécie de clube social ou centro de autoajuda e aperfeiçoamento. Mas fato é que seguir Jesus é muito mais do que isso.

A primeira coisa que Jesus ensina é que, para segui-lo, devemos amá-lo acima de todas as coisas. Isso implica na desconstrução de ideias centradas no amor-próprio. Há quem queira seguir Jesus desde que a espiritualidade proposta se adapte aos seus anseios e necessidades. Estes invertem a lógica, tornando Deus um ser útil para resolver suas demandas emocionais e existenciais. Entretanto, Jesus mais uma vez vai além: segui-lo significa abdicar da própria vida e da busca frenética pela autonomia humana.

Acrescente a isso que qualquer coisa que amarmos mais do que a Jesus poderá ser tornar um ídolo em nossa trajetória de fé, impedindo-nos de nos tornarmos quem ele espera que sejamos.

Neste ponto, é importante refletir sobre o que, de fato, amamos. O que diríamos sobre existir algo ao nosso alcance sem o qual não conseguiríamos viver? Se a razão de existirmos estiver em qualquer outra coisa que não seja o próprio Cristo, estamos criando ídolos em nosso coração e barreiras ao nosso relacionamento com ele. Nossa família, nosso trabalho, nossos filhos, o dinheiro, a religião ou a busca pela felicidade podem ser ídolos disfarçados que ocupam o lugar único de Cristo.

Jesus deverá ser o centro de tudo, e não o homem, e isso pode impactar a nossa relação com a família, com nossos bens ou com nós mesmos. Estaríamos dispostos a perder tudo por amor a Cristo? Qual é o foco e o objeto de nossa

À PROCURA DA FELICIDADE

espiritualidade? Por que vamos à igreja todos os domingos? Qual o espaço que Jesus ocupa em nossa rotina diária?

Se Cristo não estiver no centro do nosso coração, infelizmente, viveremos uma espiritualidade idólatra e desconectada do real propósito que Deus estabeleceu em nosso benefício.

Quantos livros consumimos para aprender a nos amar? Quantas leituras são realizadas buscando aprender a encontrar em nós as respostas para os dilemas da vida?

Seduzidos pelos encantos da autoajuda, nos rendemos ao Cristo genérico, aquele que salva, mas que nunca modifica profundamente a estrutura emocional e existencial do ser humano.

Seduzidos pelos encantos da autoajuda, nos rendemos ao Cristo genérico, aquele que salva, mas que nunca modifica profundamente a estrutura emocional e existencial do ser humano.

A segunda coisa que Cristo nos ensina é que, para segui-lo, devemos aceitar sofrimentos. Tomar a cruz significa compartilhar da mesma jornada de Cristo em nossas vidas. Andar com Jesus pode implicar em viver dias de incompreensão e distanciamento das pessoas com as quais conviveríamos em condições normais, isto é, sem que Cristo seja o principal ser em nossa vida. A cruz, portanto, significa humilhação e rejeição, uma punição humilhante.

Em nossa sociedade, toda dor deve ser rejeitada. O sofrimento é algo malvisto até mesmo entre cristãos. Os teólogos da hipergraça querem nos vender a ideia de que seguir Jesus deve proporcionar bem-estar, alegria, felicidade e segurança. Somos sutilmente ensinados que, se não estivermos vivendo sob esses signos, existe algo errado em nossa vida espiritual. O Mestre, no entanto, nos ensina o contrário: segui-lo envolve carregar alguma espécie de cruz, o que em outras palavras significa sofrer em alguma ou em algumas áreas de nossa vida. É suportar sofrimentos, assumir rejeições.

Por fim, Jesus nos faz o terceiro confronto: para segui-lo, temos que ser capazes de renunciar a qualquer coisa (Lucas 14.33). A nossa razão de existir não deve ser o trabalho profissional, tampouco a nossa família, mas seguir e imitar o próprio Cristo. Ele nos chama a sermos capazes de renunciar a tudo e a considerarmos qualquer coisa inferior a conhecê-lo e fazê-lo conhecido.

NEGUE A SI MESMO ∎

A proposta central do cristianismo não é a busca pela felicidade, mas viver um Evangelho que glorifique a Deus em todas as nossas obras "debaixo do sol". Perdemos a nossa vida para ganhar a vida de Cristo em nós. Abrimos mão de nossos desejos e prazeres para seguirmos Cristo e cumprir os seus desejos e planos. Temos de ser capazes de seguir Cristo, mesmo que nos falte tudo o que pensamos ser necessário para termos o que a nossa cultura chama de felicidade.

Jesus quer nos libertar do sofrimento dessa busca por respostas existenciais dentro de nós mesmos. Ele quer tirar de nossos ombros o fardo colocado pela autoajuda barata, que se dispõe a ensinar como termos em nossa mente todas as respostas necessárias para uma vida de significado. Jesus é quem dá o significado real para o ser humano.

Jesus disse aos judeus que creram nele: "Vocês são verdadeiramente meus discípulos se permanecerem fiéis a meus ensinamentos. Então conhecerão a verdade, e a verdade os libertará". (João 8.31,32 NVT).

É a libertação do nosso ego, de nós mesmos. É a libertação da dependência de nossas próprias forças para vivermos em um mundo duro e sujeito às corrupções físicas, morais e espirituais da queda. Mas, para isso, nosso ego deve morrer. Nossa vida deve ser diariamente crucificada. Nosso amor-próprio deve ser substituído por um amor intenso e exclusivo ao próprio Cristo. Morrendo para nós mesmos, descobriremos em Cristo a nossa verdadeira vida. Isso é o contrário do que aprendemos com os gurus da autoajuda e os arautos da felicidade fácil em nossos dias. Negar a nós mesmos? Não ter um elevado grau de amor-próprio? Perder a vida? Esses são conceitos totalmente contrários à nossa cultura.

Quando digo amor-próprio, não me refiro a não cuidar de nosso corpo ou de nossas emoções, mas que devemos reconhecer que todo amor-próprio pode ser viciado por sementes de narcisismo e hedonismo.

O teólogo C.S. Lewis nos mostra o caminho para isso:

Quanto mais nos libertamos de "nós mesmos" e deixamos que seja Cristo quem nos dirija, tanto mais verdadeiramente nos tornamos nós mesmos. Cristo é tão imenso que milhões e milhões de "pequenos Cristos", todos diferentes entre si, ainda são insuficientes para exprimi-lo por inteiro. Foi ele quem nos criou a todos! Inventou — tal como um escritor inventa as personagens de um romance — cada um

À PROCURA DA FELICIDADE

> *desses diversíssimos "homens novos" que você e eu estamos destinados a ser. Nesse sentido, os nossos verdadeiros "eus" estão todos a nossa espera nele. De nada nos adianta procurarmos ser "nós mesmos" sem ele. Quanto mais eu resistir a Cristo, quanto mais tentar viver por conta própria, mais me verei dominado pela minha hereditariedade, pela minha criação, pelas minhas circunstâncias e pelos meus desejos naturais. Aquilo a que tão orgulhosamente chamo "eu" torna-se simplesmente o ponto de encontro de uma cadeia de acontecimentos que não pus em movimento e que não sou capaz de deter. Aquilo a que chamo "as minhas intenções" reduz-se simplesmente aos desejos do meu organismo físico, aos pensamentos que me foram soprados por outros homens ou mesmo às sugestões dos demônios. [...] No meu estado natural, não sou nem metade da pessoa que imagino ser; praticamente tudo aquilo a que dou o nome de "eu" pode encontrar uma explicação muito fácil. É somente quando me volto para Cristo, quando me entrego à sua personalidade, que começo a ter personalidade própria. [...] Mas, para isso, tem de haver uma verdadeira entrega do "eu". Você tem de lançá-lo fora "às cegas", por assim dizer. Sem sombra de dúvida, Cristo dar-lhe-á uma personalidade real, mas você não deve procurá-lo por isso. Enquanto a sua verdadeira preocupação continuar a ser a sua própria pessoa, você ainda não estará à procura de Cristo. O primeiríssimo passo é tentar esquecer-se inteiramente do seu "eu". O seu autêntico novo "eu" (que é de Cristo e também seu, e seu unicamente por ser dele) não aparecerá enquanto você o buscar; surgirá apenas quando você estiver à busca de Cristo. [...] É um princípio que percorre a vida inteira, do começo ao fim. Entregue-se a si mesmo e encontrará o seu verdadeiro "eu". Perca a sua vida e salvá-la-á. Submeta-se à morte, à morte das suas ambições e dos seus desejos prediletos todos os dias, e à morte de todo o seu corpo no fim: submeta-se a ela com cada fibra do seu ser, e encontrará a eternidade. Não tente reter nada. Nada que você não tenha entregado chegará a ser realmente seu. Nada em você que não tiver morrido poderá algum dia ressuscitar dos mortos. Busque-se a si mesmo, e a longo prazo só encontrará ódio, solidão, desespero, rancor, ruína e decadência. Busque a Cristo e você o encontrará, e, com ele, tudo o mais.*[2]

Não somos chamados a ser nossa melhor versão nem a descobrir em nós as soluções para os dilemas existenciais. O caminho do discípulo é um processo de imitação do próprio Cristo, em que a oração e a leitura das Escrituras

---

[2] Lewis, C. S. **Mero cristianismo**. São Paulo: Quadrante, 1997. p. 218-220.

NEGUE A SI MESMO ∎

facilitarão a Deus implantar em nós, progressivamente, a identidade e os pensamentos do próprio Jesus. A grande questão, portanto, torna-se esta: estamos dispostos a pagar o preço?

Parte II

DISCIPLINAS ESPIRITUAIS CONTRA A SOCIEDADE DO CANSAÇO E O EVANGELHO DA AUTOAJUDA

Capítulo 8

FOQUE EM DISCIPLINAS ESPIRITUAIS DE LONGO PRAZO

É um mistério cotidiano que o dia a dia possa levar a tanto desespero e ainda assim estar no cerne da nossa salvação [...]. Queremos que a vida tenha sentido, queremos realização, cura e até êxtase, mas o paradoxo humano é que encontramos

À PROCURA DA FELICIDADE

> *tudo isso começando onde estamos [...]. Precisamos procurar*
> *por bênçãos em lugares improváveis, cotidianos.*[1]

APÓS LERMOS os últimos capítulos, podemos nos perguntar: Afinal, como desenvolver uma espiritualidade emocionalmente saudável? Como ter uma fé constante sem correr o risco de desenvolvermos um *burnout* espiritual? Como não cairmos presos ao engano de sermos passivos ou cairmos no ativismo religioso?

Obviamente, as respostas não são fáceis. Penso em escrever algo específico sobre isso em breve. Mas, após anos de atendimento clínico, percebi um padrão nos cristãos que admiro: eles são constantes em disciplinas ordinárias e fazem o básico bem-feito.

Costumo explicar aos pacientes que devemos ser crentes BIC: Básicos, Imperfeitos, mas Constantes. Este rótulo surgiu após ver uma nota publicitária sobre as famosas canetas esferográficas BIC.

As canetas BIC foram criadas em 1945. Não são as mais lindas em termos de *design*, tampouco são as mais caras e sofisticadas. Não se destacam por algo extraordinário que tenham, não possuem o traço mais perfeito já desenvolvido pelo homem, mas duram até a última gota de tinta e escrevem perfeitamente. São básicas, mas funcionam com constância. Não é à toa que seu *design* praticamente não mudou desde que foram criadas, uma vez que apresentam um ótimo custo-benefício e funcionalidade.

Assim é a vida cristã: o segredo da fé equilibrada é fazer o básico bem-feito com constância, mesmo que não sejamos extraordinários ou modelos imitáveis para quem nos observa.

Mas como chegar a esse ponto?

O segredo, penso, está na prática de disciplinas espirituais com constância. A começar pelo testemunho dos apóstolos e pelo exemplo de inúmeros cristãos, percebemos que nenhum deles cresceu espiritualmente buscando êxito na sua própria força ou extraindo da própria inteligência o genuíno crescimento espiritual. Antes, aceitaram humildemente que, em atos comuns ou ordinários, o verdadeiro Deus estava presente.

Tish Warren, em seu maravilhoso livro *Liturgia do Ordinário*, ensina algo interessante:

---

[1] WARREN, Tish H. **Liturgia do ordinário**. Rio de Janeiro: Thomas Nelson Brasil, 2021.

FOQUE EM DISCIPLINAS ESPIRITUAIS DE LONGO PRAZO ■

> *O cerne da nossa formação está na monotonia anônima das nossas rotinas diárias [...]. Nosso culto junto com a igreja nos forma de uma maneira específica. Precisamos ser formados como pessoas que valorizam o que dá vida, não só o que está na moda ou que é barulhento ou excitante. Eu me preocupo ao pensar que, quando o nosso culto se parece com um show de rock ou um programa de entretenimento, estamos sendo formados como consumidores, pessoas que estão atrás de arrepios e sobressaltos, quando o que precisamos é aprender uma maneira de estar no mundo que nos transforma diariamente com ritmos de arrependimento e fé. Precisamos aprender os lentos hábitos de amar a Deus e aos que estão ao nosso redor. Nosso vício em estímulos, impulsos e entretenimento nos esvazia e nos torna chatos, incapazes de abraçar as maravilhas ordinárias da vida em Cristo.[2]*

O primeiro passo, portanto, é nos desvencilhar da ideia de que a vida espiritual deve ser excitante ou vivenciada em momentos extraordinários. É nas rotinas mais comuns e corriqueiras que o Senhor se manifesta, moldando-nos e ensinando-nos a servi-lo adequadamente.

O segundo passo é rompermos com o pensamento enraizado em nossa cultura evangélica de que existem ambientes seculares ou sagrados distintos, isto é, separados. Por vezes acreditamos que existem situações ou lugares mais santos do que outros e separamos o nosso relacionamento com Deus de nossas rotinas comuns, vivenciadas em ambientes de estudo ou trabalho.

Mas a maneira como vivemos cada hora do nosso dia (a maioria delas fora da igreja) é usada por Deus para se revelar em nós e por meio de nós. O tempo gasto no templo e na adoração comunitária são extremamente importantes, mas sem as rotinas espirituais implantadas em nosso coração nunca seremos cristãos maduros no cotidiano comum.

Este é, sem dúvida, um grande problema da liturgia em nossos dias. Queremos o extraordinário, imaginando que Deus está mais presente em eventos, congressos ou quando somos visitados por um pastor famoso que promove avivamentos. É fácil termos uma visão crítica sobre a cultura secular e sua adoração a eventos de entretenimento, a

---

[2] Ibidem.

■ À PROCURA DA FELICIDADE

celebridades ou gurus do autoconhecimento. Mas, sem perceber, deixamos de olhar para dentro de nossa casa e constatamos que temos sido tentados a desejar transformação espiritual sem exercícios de disciplinas cristãs com foco no longo prazo.

Como eu disse, no contexto do evangelho da felicidade secular, as pessoas buscam fórmulas mágicas de transformação emocional em cinco ou sete passos, consteladores, que resolvam seu passado em duas ou três sessões, ou fazem catarse emocional em eventos minuciosamente elaborados para tocar as emoções (isso inclui *shows* com efeitos sensoriais intencionalmente programados para promover hipnoses coletivas).

Engana-se quem pensa que nossa liturgia cristã é muito diferente. Afinal, transformamos nossos cultos públicos dominicais em um emaranhado de palestras de autoajuda, mescladas a liturgias de *shows* que promovem êxtase ou conforto emocional aos presentes. Tornamo-nos imaturos e frustrados, sempre buscando a próxima grande coisa, ou aguardando ansiosamente a próxima conferência que nos tire do cortejo fúnebre de nossa espiritualidade cotidiana entediante.

> *Impelidos para lá e para cá com todo vento de doutrina e muitas vezes nenhuma doutrina, aqueles que foram criados no evangelicalismo se acostumaram ao super e a eventos cataclísmicos de intensa experiência espiritual que, no entanto, se desgastam. Quando as experiências acabam, frequentemente existe muito pouco para impedi-los de tentar formas diferentes de terapias espirituais ou de caírem totalmente fora da corrida religiosa.*[3]

Assim, na busca pelo novo e o extraordinário, nos frustramos com Deus ou com a proposta de uma espiritualidade que não preenche lacunas em nossa existência ordinária e comum. Cremos em um Deus distante de rotinas e experiências corriqueiras ou interessado apenas nos momentos que nomeamos como espirituais.

A grande questão é que nossa dependência de coisas grandes e extraordinárias é prova de que temos sido mais influenciados pela cultura do que pensamos. Quantas vezes nos perguntamos se nossa vida comum tem valor

---

[3] HORTON, Michael. **Simplesmente crente**: por uma vida cristã comum. São José dos Campos, SP: Editora Fiel, 2018. p. 66.

FOQUE EM DISCIPLINAS ESPIRITUAIS DE LONGO PRAZO ■

diante de Deus? Quantas vezes somos tentados a pensar que apenas dentro de ministérios eclesiásticos estamos de fato servindo ao nosso Criador? Quantos de nós queremos incessantemente fazer algo grande para Deus, sem percebermos que cuidar e disciplinar nossa própria família já é um feito extraordinário?

Deus trabalha por meios comuns, ordinários e, às vezes, imperceptíveis a uma mente acelerada e hiperativa; e nossa dependência dele deve ser total a cada dia.

Identificamos os atos do Eterno em coisas grandes, como milagres ou pregações explosivas, mas quantos de nós consideramos que os maiores sinais de Deus estão sendo realizados todas as semanas pelos meios ordinários da vida comum, da nossa vida corriqueira, das pregações puras e simples da Palavra de Deus e das meditações feitas vivendo a vida comum?

Deus e seus milagres em pequenos grupos, em momentos de comunhão, batismos, na ceia do Senhor etc. Se associarmos a atividade divina exclusivamente a coisas que podemos ver e sentir, não poderemos enxergar a atividade de Deus através das pessoas e coisas normais, no mundo real onde de fato vivemos.

> *Temos de repensar as nossas prioridades. Recuperar um apreço pelo que é ordinário é pelo menos um passo nessa direção. Crescemos por meio de práticas ordinárias, diárias, habituais. O culto semanal da Palavra e do sacramento, junto com a confissão pública do pecado e da fé, as orações e o louvor, são fonte que flui para nossos lares e nosso ambiente particular durante a semana inteira. São todas essas disciplinas — públicas, familiares e privadas — que precisamos recuperar. Parecem até comuns – e de fato são! Mas é precisamente assim que o jardim de Deus cresce a cada dia.*[4]

Quais seriam as práticas ordinárias que poderiam promover o crescimento espiritual sustentável sem os extremos do legalismo ou da ociosidade?

Antes de entramos nas disciplinas espirituais que devemos desenvolver, é preciso reafirmar que Deus não nos chamou para termos uma fé passiva. Muitos podem argumentar: se tudo é pela graça e já está garantido por Deus, por que devemos nos envolver com disciplinas espirituais ativas?

---

[4] Ibidem, p. 146.

■ À PROCURA DA FELICIDADE

A questão é legítima, mas, por si só, as disciplinas espirituais nada podem fazer. No entanto, elas são a forma de Deus nos conduzir a lugares ou a situações nas quais ele possa nos abençoar ou se revelar a nós. Em seu livro *Celebração da disciplina*, Richard Foster nos traz um grande ensino:

> *Ao fazer essa fascinante descoberta, corremos o risco de cometer um engano, agora no outro extremo: seremos tentados a acreditar que não há nada que possamos fazer. Se todos os esforços humanos terminam em falência moral [...] a conclusão lógica não seria que devemos apenas esperar até que Deus venha e nos transforme? Muito estranhamente, a resposta é não. A análise está correta: o esforço humano é insuficiente, e a justiça é uma dádiva divina, mas a conclusão é errônea. Felizmente, existe algo que podemos fazer. Podemos livrar-nos das garras do dilema, seja das ações humanas, seja da ociosidade. Deus concedeu-nos as disciplinas da vida espiritual como um meio de recebermos sua graça. As disciplinas permitem nos apresentarmos diante de Deus, a fim de que ele possa nos transformar.[5]*

Com as disciplinas espirituais, Deus nos dá o privilégio de sermos coparticipantes com ele sobre a terra em obras que glorifiquem o seu santo nome.

---

[5] FOSTER, Richard. **Celebração da disciplina**. São Paulo: Vida, 2007.

Capítulo 9

EXERCITE O SILÊNCIO

> [...] *tempo de rasgar e tempo de costurar, tempo de calar e tempo de falar.* (Eclesiastes 3.7)

DIZEM QUE as pessoas que organizam suas vidas e o dia a dia em torno de rotinas conseguem produzir mais e evitar trabalhos extras, que são desgastantes. Assim, uma sugestão interessante que pode ser posta em prática é a tentativa de incluir certas disciplinas como rotina pessoal. Uma delas é o silêncio. Essa importante virtude, podemos dizer, se incluída em sua rotina, tem poder para elevar a sua qualidade de vida, especialmente se você é

■ À PROCURA DA FELICIDADE

uma pessoa que está sempre cercada de agentes (pessoas, máquinas, ambientes) em que são produzidos muitos ruídos e estímulos sensoriais.

Vivemos na Quarta Revolução Industrial, e uma das características das pessoas da nossa geração é que a nossa mente não desliga (mesmo quando nos deitamos para dormir). Parece ser impossível nos calar e aquietarmo-nos em um curto momento do nosso dia. Entretanto, a prática do silêncio, por mais curto que seja, fará cada um de nós aprender a nos calarmos e ficarmos quietos, em dependência do Santo Espírito, dispostos a ouvir a Deus e conhecê-lo melhor, mais intimamente.

Uma das grandes marcas da sociedade do desempenho é permanecermos ligados (ou conectados) constantemente, sendo essa uma estratégia útil ao Inimigo para evitar que ouçamos adequadamente a voz de Deus. Já há diversos estudos que mostram como o excesso de informação, de imagens e de gatilhos mentais tem adoecido as pessoas emocionalmente. Do mesmo modo, isso é verificado em estudos sobre a vida urbana, e como ela parece afetar mais intensamente a saúde mental do que a vida das pessoas em sociedades rurais. Hiperconectados e acelerados, tornamos o nosso cérebro hiperativo e incapaz de ouvir a Deus em meio ao turbilhão de pensamentos que ressoam em nossa mente cada vez mais acelerada.

No silêncio, desligamos nossa mente dos sons, das telas e dos estímulos, sejam eles ruídos vindos de computadores, *smartphones* ou televisores. O silêncio total é incomum e muito difícil de ser experimentado, mas algum nível de quietude pode facilmente ser exercido, mesmo em sociedades extremamente agitadas e urbanizadas.

Muitas pessoas jamais tiveram a experiência de ficar em silêncio total, pois suas casas e locais de trabalho estão repletos de telas ou monitores, barulhos diversos, conversas paralelas, ruídos vindos de diferentes dispositivos, isso quando não moram próximo de vias com trânsito, sirenes e alarmes.

Alguns indicadores demonstram que a exposição ao barulho intenso e constante de estradas e aeroportos está relacionada ao surgimento de diferentes problemas de saúde, incluindo pressão alta, doenças cardíacas e perda auditiva.

Em contrapartida, a exposição ao silêncio traz benefícios à saúde, diminuindo os níveis de estresse e aumentando a sensação de relaxamento, sendo o silêncio mais relaxante do que uma música relaxante. Um estudo científico publicado em 2015 mostrou que duas horas de silêncio por dia eram capazes de estimular o desenvolvimento de neurônios na região do hipocampo (região

EXERCITE O SILÊNCIO ■

de memória e aprendizagem).[1] Ou seja, o silêncio tem poder para melhorar a nossa memória.

Um bom teste para avaliar a nossa saúde mental é vermos qual a capacidade de exercitar o silêncio. Você conseguiria ficar em silêncio durante meia hora por dia, sem estar conectado a algum dispositivo? Meia hora sem diálogos no WhatsApp ou em qualquer outra rede social? Meia hora sem ouvir música? Qual sensação o silêncio traz ao seu coração? O silêncio aumenta a sua ansiedade? Se disser que sim, isso pode ser um mau sinal: a mente está tão acelerada que desaprendeu de experimentar o silêncio.

O silêncio nos faz perceber sentimentos e sensações que com alguma frequência tentamos calar. Dessa maneira, o ócio com silêncio pode nos fazer perceber sentimentos, sensações e esquemas mentais (fortalezas da mente) que não perceberíamos sem eliminar os ruídos físicos e emocionais a que estamos submetidos. O silêncio nos faz perceber quais sentimentos estão rondando o nosso coração e o que ocupa a nossa mente quando não estamos diante de algo que roube a nossa atenção. O silêncio filtra as nossas emoções, permitindo-nos perceber por alguns momentos quais são, de fato, as nossas angústias, dilemas ou percepção da realidade. Silenciar é ouvir a si mesmo com mais qualidade. É amplificar a voz do coração.

Pacientes ansiosos têm muita dificuldade de exercer a disciplina do silêncio. A mente dessas pessoas está sempre em produção, e os pensamentos ficam acelerados. Ansiosos podem ser intolerantes ao silêncio porque sua mente se torna congestionada de pensamentos que eles não gostariam de ter. Mas, sem exercer o silêncio, não será possível identificar quais são, realmente, os reais gatilhos que podem estar causando uma ansiedade crônica e patológica.

Neste ponto, a psicoterapia é a arte de forçar o paciente a silenciar. Durante uma ou duas horas por semana, somos forçados a parar a nossa mente frente ao mundo exterior e colocar o foco ou dar mais atenção a um único interlocutor. É um silêncio sucedido de palavras, mas que pode ser ampliado para momentos a sós dentro de casa ou no trabalho, onde simplesmente prestamos atenção à nossa mente e aos nossos sentimentos durante alguns instantes.

---

[1] KIRSTE, I.; NICOLA, Z.; KRONENBERG, G.; WALKER, T. L.; LIU, R. C. & KEMPERMANN, G. (2015). **Is silence golden?** Effects of auditory stimuli and their absence on adult hippocampal neurogenesis. Brain Structure and Function, 220(2), 1221-1228.

■ À PROCURA DA FELICIDADE

Mas o que fazer quando a ansiedade é tão intensa que não conseguimos desacelerar a mente? Nesses casos, o tratamento psiquiátrico pode ser de grande ajuda para nos fazer acalmar a mente e praticar essa importante disciplina espiritual.

Além disso, o silêncio possibilita a quem recorre a ele ouvir a voz de Deus. Muitos cristãos e demais pacientes sentem-se frustrados por nunca ouvirem a voz de Deus. De fato, em alguns momentos Deus nos fala de maneira tão clara que o mundo inteiro silencia, e mesmo em meio a um intenso engarrafamento é possível ouvir a sua voz.

Mas, na maioria das vezes, o Eterno nos falará ao coração quando nos silenciarmos diante dele. Como podemos reclamar diante de Deus e dizer-lhe que não ouvimos a sua voz se não nos calarmos para ouvi-lo? Se não dispomos de momentos em que o nosso único foco e objetivo é ouvir sua voz, como culpar a Deus por não ouvirmos sua orientação? Quanto tempo em nosso discipulado temos tornado disponível para estarmos em silêncio visando exercer as disciplinas espirituais?

Uma das marcas da sociedade hiperativa e do cansaço é ter vendido para nós a ideia de que devemos fazer algo o tempo todo. Alcançar um tempo de tranquilidade ou de silêncio é malvisto pelas pessoas da nossa geração. Devemos permanecer conectados o tempo todo ou falando algo para sermos notados. Mas não podemos nos esquecer de que Deus nos chama a momentos em que somente a sua companhia nos deverá bastar, momentos em que a sua presença será o mais importante para nós.

Assim, devemos compreender que o silêncio é o pilar de todas as demais disciplinas espirituais. Essa disciplina não anula as outras, porque viveremos os momentos de silêncio com o nosso coração dirigido humildemente para Deus, prontos para ouvir a sua voz nesses momentos de quietude, oração ou meditação nas Escrituras. Assim, o silêncio deverá preceder outras disciplinas espirituais, uma vez que ele dirige o nosso tempo e coração para caminhos mais nobres e excelentes.

Você tem exercitado isso? Antes de orar ou meditar nas Escrituras, você tem silenciado por algum momento para estar com sua mente dirigida ao Eterno Deus? Da mesma forma, após a oração e meditação nas Escrituras, você exerce a disciplina do silêncio a fim de ouvir o que Deus quer falar com você?

Capítulo 10

PRATIQUE A CONFISSÃO

> *Portanto, confessem os seus pecados uns aos outros e orem uns pelos outros para serem curados.* (Tiago 5.16)

POR QUE confessar ao outro traz cura? De fato, apenas o Senhor é capaz de perdoar pecados, mas confessar ou abrir-nos sobre as nossas angústias e dores mais íntimas com pessoas certas é algo extremamente terapêutico. Na sociedade do cansaço e dos supercrentes, perdemos a coragem de confessar fracassos, dores e insucessos.

Fomos treinados para compartilhar apenas o lado positivo da vida e nos habituamos a falar apenas daquilo que

■ À PROCURA DA FELICIDADE

funciona, que dá resultados ou as nossas histórias de sucesso. Infelizmente, a confissão e o compartilhamento daquilo que não é positivo tem sido inibido pela pressão de estarmos e nos mostrarmos sempre felizes, bem-sucedidos ou imunes aos problemas cotidianos. Quantas vezes escutamos testemunhos de orações que não foram respondidas como gostaríamos?

Nossas comunidades, que deveriam ser fontes de ambientes de confissão e cura, se tornaram lugares repressivos onde a dor, o fracasso, a angústia, o medo, a ansiedade e a depressão não podem ser compartilhadas.

Muitos cristãos não confessam ou comentam suas dores e pecados por medo de serem julgados ou mal interpretados. É curioso perceber que muitas vezes um salão de beleza pode ser mais terapêutico do que uma reunião de pequenos grupos de uma igreja. Já acompanhei a minha esposa inúmeras vezes durante seu demorado corte de cabelo, e algo que sempre chamou a minha atenção é que esses ambientes permitem confissões de questões extremamente íntimas, sem nenhum tipo de preconceito ou repreensão. Presenciei mulheres confessando aos seus cabeleireiros questões profundas que seriam dignas de uma sessão de psicoterapia.

Assim, é estranho e paradoxal estar em um pequeno grupo de comunhão cristã e não vermos nem olharmos os irmãos com a mesma liberdade e condescendência. Infelizmente, muitas vezes a cura que poderia ser obtida em momentos de confissão é inibida pelo discurso cristão repleto de triunfalismo e movido pelo estereótipo da vida perfeita. Nossas comunidades reprimem a expressão de sentimentos ao criarmos a ideia de uma vida cristã inacessível ou distante dos problemas comuns das pessoas que as frequentam.

Assim, nos tornamos sozinhos em nossas lutas diárias, privando-nos do que o Senhor é capaz de realizar em nós por meio da vida comunitária e da confissão feita em ambientes de discipulado um a um. Se você é um cristão que não tem um amigo em quem possa confiar para praticar a confissão de seus pecados ou dos dilemas mais profundos de sua vida, você ainda não vive uma vida cristã saudável em sua plenitude.

Quantas pessoas de seu círculo de amizades, do seu dia a dia, exercitam a confissão? Que você possa entender que Deus nos planejou para viver em comunidade e que algumas ocorrências de cura só acontecerão quando confessarmos os nossos pecados e dores ao nosso próximo.

Não podemos permitir que as novas teologias que incessantemente procuram vender a necessidade de manter uma imagem de pessoas bem-sucedidas,

PRATIQUE A CONFISSÃO ■

prósperas ou perfeitas nos roubem a possibilidade da confissão diária a amigos dentro de nossas comunidades. Nossas igrejas não são centros de autoajuda ou de capacitação para empreendedorismo rumo à felicidade; elas são comunidades terapêuticas onde cristãos comuns se curam uns aos outros, confessando e aconselhando-se mutuamente mediante os princípios das Escrituras.

Confessar as más obras é o primeiro passo para as boas obras. (Agostinho)

Segundo Bonhoeffer:

[...] *quem fica sozinho com seu mal fica totalmente só. Pode ser que cristãos fiquem sozinhos apesar da devoção e oração, apesar de toda comunhão no servir. É possível que jamais se rompa aquela última barreira que os separa da comunhão, porque eles vivem juntos como pessoas crentes e piedosas, e não como pessoas descrentes e pecadoras. A comunhão piedosa não permite que alguém seja pecador. Por isso, cada pessoa precisa esconder o pecado de si mesma e da comunidade. Portanto, ficamos sozinhos com nosso pecado, na mentira, na hipocrisia, pois não há como negar: somos pecadores.*[1]

Um dos sintomas neurobiológicos mais comuns das confissões que são retidas, isto é, não confessadas, é a dor. Às vezes sentimos dores físicas pelo corpo sem motivo aparente. Não fazemos nada que possa levar a tal sintoma (como exercícios em excesso ou tomarmos uma pancada). Mas a insistência em se calar, em não falar sobre as lutas e emoções nocivas, medos e desejos, pode nos levar à manifestação dolorosa e concreta no corpo físico. Se a dor na alma não é confessada verbalmente, ela será manifestada por meio de nosso corpo, seja por meio de dores, alergias e tantos outros sintomas conhecidos.

A confissão é uma prática difícil para muitos de nós, pois tememos que a exposição (e o conhecimento do que nos aflige intimamente) leve ao julgamento que resultará no afastamento das pessoas. Então, para contornar isso, nos isolamos em nós mesmos e lidamos com nossas dificuldades sem recorrer a algo que o Senhor planejou para nos ajudar: a confissão a ele e/ou a um irmão ou irmã maduro(a).

---

[1] BONHOEFFER, Dietrich. **Vida em comunhão**. São Leopoldo: Sinodal, 1997.

■ À PROCURA DA FELICIDADE

Falar alivia as dores físicas, emocionais e espirituais. Uma luta não confessada é um tipo de jugo ou obstrução para uma vida emocional saudável. A prática da confissão e do perdão removem esse jugo.

A confissão também pode ser mútua, entre amigos e irmãos, onde os dois confessam seus pecados um ao outro e oram um pelo outro, trazendo uma via de mão dupla para a cura e o aconselhamento.

Por que tantos pacientes psiquiátricos se sentem curados ou aliviados após uma consulta, mesmo que o medicamento demore até quatro semanas para fazer efeito? A resposta está na confissão. Muitas vezes é no consultório de um terapeuta ou psiquiatra que o cristão tem a possibilidade de confessar seus medos e pecados sem receio de ser repreendido ou julgado. Mas isso não deveria ser assim. Primeiro deveríamos confessar, em nossas comunidades, nossas dores a cristãos maduros.

Se a dor na alma não é confessada verbalmente, ela será manifestada por meio de nosso corpo, seja por meio de dores, alergias e tantos outros sintomas conhecidos.

Confessar dá ocasião à revelação de fatos, verdades e conflitos ocultos em nosso interior. A resolução das tensões e dos conflitos obtidos na intercepção das verdades escondidas torna possível que o outro (profissional, pastor ou leigo), por meio de seus conhecimentos, aconselhamento e sobretudo oração seja um agente de cura.

A psiquiatria também nos ensina que os que guardam seus segredos emocionais, tensões, mágoas, angústias e aflições sem os colocar para fora apresentam maior risco de adoecer psiquicamente e ter outras doenças psicossomáticas.

A carta de Tiago coloca a confissão lado a lado com a oração. Para o cristão, não basta apenas colocar para fora e receber os benefícios emocionais desse gesto, mas, por meio da oração, deve apresentar arrependimento genuíno e, assim, receber perdão e cura por meio da ação do Espírito de Deus. Por isso, a confissão é a disciplina que abre a porta da cura por meio do arrependimento e do perdão. Ela evita danos maiores.

Deus quer que confessemos uns aos outros para sermos curados. Você tem algo pessoal que precisa ser confessado? Já parou para refletir que a ausência ou negligência de confissão pode estar sendo a causa de sofrimentos físicos e emocionais que nenhum profissional conseguiu descobrir?

PRATIQUE A CONFISSÃO ■

Quem esconde os seus pecados não prospera, mas quem os confessa e os abandona encontra misericórdia. (Provérbios 28.13).

Não permita que a necessidade de viver uma vida cristã maquiada roube a cura que você pode obter por meio da confissão. Procure alguém que conheça você, que seja maduro e bom ouvinte e hoje mesmo confesse suas dores e pecados a essa pessoa. Esse pode ser o início de sua libertação emocional.

Capítulo 11

A IMPORTÂNCIA DA SOLITUDE

Ao saber da notícia da morte de João Batista, Jesus "retirou-se dali num barco, para um lugar deserto, à parte". (Mateus 14.13 ARA)

JESUS NOS convida a sair da solidão e nos mover em direção à solitude. As duas palavras muitas vezes são usadas como sinônimos: solidão e solitude, mas há uma grande diferença entre elas. A solidão não nasce no coração de Deus, ou seja, não é uma parte dos planos de Deus para o homem. Devemos nos lembrar que Ele nos fez para termos relacionamentos com outras pessoas, pois somos

■ À PROCURA DA FELICIDADE

seres sociáveis: "E disse o Senhor Deus: Não é bom que o homem esteja só" (Gênesis 2.18).

A solidão é uma das maiores causas de sofrimento humano, sendo um grande fator de risco para doenças como a depressão e o Alzheimer. O sentimento de solidão pode atingir pessoas de todas as idades. Uma pesquisa científica, que contou com 55 mil participantes ao redor do mundo, indicou em seus resultados que 27% dos participantes com mais de 75 anos de idade sentem solidão com frequência ou com muita frequência. No entanto, os níveis mais altos desse sentimento foram registrados entre jovens de 16 e 24 anos, onde 40% declararam que, com frequência, ou muita frequência, sentem-se sozinhos. Estudos alertam, ainda, para a ocorrência da solidão crônica como geradora de problemas graves de saúde física e mental.

Em contrapartida, a solitude deve ser encarada como uma prática cristã saudável, que consiste no convite para nos retirarmos temporariamente da multidão, da companhia dos outros e estarmos a sós com Deus. Solitude cria o espaço para que outras práticas aqui descritas sejam exercidas como o silêncio, a oração, o estudo e a meditação nas Escrituras.

A solitude é o distanciamento da vida agitada, a reclusão, pois importa neste tempo que apenas as disciplinas espirituais nos guiem em direção a Deus. Assim, a solitude não é simplesmente entrar em um quarto e evitar o contato físico ou verbal com qualquer outra pessoa. Trata-se de um momento em que nos retiramos para buscar orientação de Deus, para calibrarmos as nossas emoções e termos nosso coração sondado pela Palavra de Deus.

Jesus, em muitos momentos de seu ministério, exerceu a solitude. Em determinadas ocasiões, sabendo que as pessoas queriam acelerar processos ou estavam com expectativas desrealizadas, ele se retirava para orar e estar a sós com Deus. As grandes decisões de Jesus (como escolher seus discípulos) foram realizadas após momentos de reclusão a sós com Deus. Quantas vezes exercitamos isso? Infelizmente tomamos inúmeras decisões com grande repercussão em nossas vidas sem termos momentos de solitude diante de Deus.

Ser cristão é imitar Cristo em todos os seus atos e sentimentos. Dessa forma, se ele exerceu a disciplina espiritual da solitude é porque sabia que ela era fundamental à vida de todos aqueles que se dispuseram a uma vida que o glorificasse em toda sua plenitude.

A solitude também potencializa as nossas funções neurais. O aprendizado, o pensamento, a inovação e a continuidade do contato com o nosso

A IMPORTÂNCIA DA SOLITUDE ■

mundo interior são habilidades favorecidas e facilitadas pela solitude. Nela, podemos perceber melhor *o que* e *como* sentimos. A solitude nos permite radiografar a nossa alma de maneira mais precisa do que se estivéssemos imersos em uma vida acelerada.

Na prática da solitude, podemos vencer a solidão e aprender a viver em comunidade. Ao recebermos o amor de Deus e termos nosso coração curado, nos tornamos cristãos mais aptos a consolar uns aos outros e, com isso, cumprir a vontade de Deus para a vida da comunidade, a vida comum da Igreja:

> *Bendito seja o Deus e Pai de nosso Senhor Jesus Cristo, o Pai das misericórdias e o Deus de toda a consolação; que nos consola em toda a nossa tribulação, para que também possamos consolar os que estiverem em alguma tribulação, com a consolação com que nós mesmos somos consolados por Deus.* (2Coríntios 1.3,4 ACF)

> [...] *aquele que não consegue ficar sozinho, precisa tomar cuidado com a comunidade. E o que não está em comunidade, precisa tomar cuidado ao ficar sozinho. Cada situação apresenta ciladas e riscos profundos. Aquele que deseja comunhão sem solitude, mergulha num vazio de palavra e sentimentos, e aquele que procura a solitude sem a comunhão perece no abismo da vaidade, do narcisismo e do desespero.*[1]

Assim, solitude é uma prática de abstenção de estímulos que ajuda a nos engajarmos de maneira restauradora na vida e na experiência de outras pessoas. Ela nos liberta do que nos impede de amarmos uns aos outros de maneira tóxica ou codependente. De fato, todos nós precisamos de tempos de solitude, mesmo que tenhamos um ótimo casamento ou muitos amigos. Existem curas que serão experimentadas na confissão, mas há outras que nascerão nos momentos de solitude.

Winnicott afirma que a capacidade de ficar sozinho tem raízes nos primeiros meses de vida e surge gradualmente, primeiro, com a capacidade de ficar só na presença da mãe e, depois, na sua ausência. Essa capacidade está associada à descoberta e à realização de si (pessoal), à conscientização dos mais profundos sentimentos que habitam o nosso interior, os impulsos e as

[1] Ibidem.

À PROCURA DA FELICIDADE

necessidades que temos. Winnicott sugere, ainda, que sono e tempos de solitude são ingredientes que favorecem o processo de integração das experiências e a consolidação da aprendizagem e da criatividade. Nesta perspectiva, podemos observar que saber ficar só é parte de um processo de desenvolvimento necessário e salutar para a experiência de vida humana.[2] Podemos, então, praticar a solitude, reconhecendo a importância de termos momentos a sós. Aproveite os pequenos momentos de solitude que acontecem ao longo de um dia, como os primeiros momentos da manhã antes de todos acordarem. Crie espaço ao longo da sua rotina para inserir momentos de solitude, como ao preparar uma xícara de café ou chá e sentar-se em silêncio, entrar no quarto e avisar às demais pessoas da família para não chamarem você, para não interromperem o seu momento de solitude. Também entraria nessa rotina da solitude fazer uma caminhada em silêncio, observando ao redor, separando alguns momentos do dia para se retirar e ficar a sós com Deus. Até dentro de um banheiro a solitude pode ser exercitada.

As notícias a seu respeito [Jesus] se espalhavam ainda mais, e grandes multidões vinham para ouvi-lo e para ser curadas de suas enfermidades. Ele, porém, se retirava para lugares isolados, a fim de orar. (Lucas 5.15,16 NVT)

Jesus ensinou que a solitude não deve ser um momento de introspecção ou busca de soluções dentro de nós. Um dos pilares que, segundo o movimento de autoajuda, regem nossas sociedades seculares é que podemos encontrar soluções para os problemas que enfrentamos dentro de nós mesmos. Seguindo essa abordagem, somos constantemente bombardeados com frases do tipo "Conheça o seu eu interior" ou "Liberte sua criança interior", ou ainda "As soluções estão dentro de você".

Essas frases parecem ter algum tipo de sentido e significado reais, afinal, se não olharmos para dentro de nós, como poderemos obter as respostas que desejamos? Como nos conheceremos?

---

[2] ARAÚJO, A. F. R. A.; DEL DUJO, Á. G. (2018). Do silêncio e do seu imaginário. A Book of Silence (Um livro do Silêncio), de Sara Maitland, sob interrogação. **HORIZONTE – Revista de Estudos de Teologia e Ciências da Religião**, v. 16, n. 49, p. 257-298.

A IMPORTÂNCIA DA SOLITUDE ■

Entretanto, a Bíblia nos diz que nosso coração é enganoso e muito corrupto: "O coração é mais enganoso que qualquer outra coisa e sua doença é incurável. Quem é capaz de compreendê-lo? 'Eu sou o Senhor que sonda o coração e examina a mente'" (Jeremias 17.9,10).

Nunca conseguiremos, segundo as Escrituras, nos conhecer olhando para dentro de nós mesmos. Temos inúmeros pontos cegos que nos impedem de fazermos uma avaliação honesta e balizada de nossos sentimentos. Se não estivermos doentes emocionalmente, tenderemos a hipervalorizar as nossas virtudes e hipovalorizar os nossos defeitos. Entretanto, se estivermos adoecidos, poderemos dar mais ênfase a traços negativos de personalidade ou ficar reféns da culpa e da autopunição.

Isso vai na direção totalmente contrária do que aprendemos na nossa cultura humanista, que valoriza o autoconhecimento como estratégia fundamental do desenvolvimento humano. Na fé cristã, somente em Cristo, e permitindo que ele sonde e vasculhe nosso coração, nós poderemos ter a ciência exata de quem realmente somos.

A solitude nos chama à humildade e à simplicidade ao confessarmos ao Senhor que somos incapazes de nos conhecer e de fazer uma avaliação correta de nós mesmos, ao reconhecermos que por nossa própria inteligência será impossível chegarmos às soluções para os nossos dilemas emocionais mais profundos. A solitude é, portanto, um convite à oração honesta e dependente de Deus onde clamamos "Venha o teu reino, seja feita a tua vontade, assim na terra como no céu" (Mateus 6.10).

Capítulo 12

SIMPLICIDADE E HUMILDADE

UM DOS livros cristãos que mais marcaram minha vida foi o livro Confissões, de Agostinho de Hipona. Ganhei esse livro na faculdade de medicina, de um colega de classe espiritualista. Confesso que deixei Confissões perdido na estante por um longo tempo, sem saber as riquezas espirituais que lá existiam.

Nele, o teólogo faz uma narração profunda sobre sua trajetória cristã e caminhada diante do Eterno. O livro é divido em sessões, mas me chamou muito a atenção o que ele descreve no início do capítulo X:

Que eu te conheça, Ó conhecedor de mim, que eu te conheça, tal como sou conhecido por ti.

■ À PROCURA DA FELICIDADE

> *Ó virtude da minha alma, entra nela e molda-a a ti, para que a tenhas e possuas sem mancha nem ruga. Esta é a minha esperança, por isso falo e nesta esperança me alegro, quando experimento uma sã alegria. Pois as restantes coisas desta vida tanto menos se devem chorar, quanto mais por causa delas se chora, e tanto mais se devem chorar quanto menos por causa delas se chora. Mas tu amaste a verdade, porque aquele que a põe em prática alcança a luz. Também a quero pôr em prática no meu coração: diante de ti, na minha confissão, diante de muitas testemunhas, nos meus escritos. Mas para ti, Senhor, diante de cujos olhos está nu o abismo da consciência humana, que haveria de oculto em mim, ainda que eu o não quisesse confessar? Na verdade, poderia esconder-te de mim, mas não esconder-me de ti. Agora porém, que os meus gemidos são testemunhas de que não me agrado a mim mesmo, tu refulges, e agradas-me, e és amado, e és desejado, de tal modo que eu começo a ter vergonha de mim, e me desprezo, e te escolho a ti [...].*[1]

Agostinho expressa em palavras o seu desejo mais urgente: que ele possa conhecer Deus assim como ele o conhece. Da mesma forma, ora ao Eterno para que possa invadir sua alma e moldá-la, compreendendo que seria impossível, por si só, ter uma análise justa e correta de si mesmo.

O teólogo, em posição de humildade, reconhece que é impossível se conhecer sozinho e sentencia que nada está oculto diante do Deus a quem ele serve. Em outras palavras, ele quer nos dizer que só podemos ter um conhecimento verdadeiro de nós mesmos se Deus, de fato, revelar quem realmente somos. Após viver décadas no cristianismo e conhecer muito a teologia e a filosofia, Agostinho se rendeu ao fato de que somente Deus é capaz de trazer luz aos pontos cegos de sua alma.

Lembro-me de que há uns anos, quando se iniciava o movimento cristão *coaching* no Brasil, comprei acesso a um fim de semana de imersão para descobrir e ter uma análise honesta do que realmente estaria por trás dos conteúdos que vinham causando tantos gatilhos de estresse e ansiedade nos meus pacientes. Fui com o coração aberto aprender e vencer eventuais preconceitos que poderiam estar me fazendo ter um julgamento desonesto ou precipitado.

Confesso que voltei do referido evento extremamente triste e angustiado. Presenciei um discurso vazio, repleto de frases de efeito que estimulavam

---

[1] AGOSTINHO, Santo. **Confissões**. São Paulo: Companhia das Letras, 2017.

SIMPLICIDADE E HUMILDADE ■

os participantes a serem sua melhor versão e serem libertos automaticamente por meio de palavras de ordem, gritos histéricos e até mesmo declaração de textos bíblicos desconectados de qualquer contexto lógico.

O que mais me impressionou não foi o que eu vi e presenciei naqueles dias, mas ver, ao final, que cristãos saíam daqueles eventos dizendo que nunca tinham escutado algo parecido em suas vidas e que, a partir daqueles dias, iriam seguir rumo à felicidade custe o que custasse. Neste ínterim, presenciei cristãos empoderados, cheios de si e totalmente cegos ao acharem que poderiam, por meio das ferramentas corretas de avaliação da personalidade, acumular todo o conhecimento necessário para resolver seus traumas emocionais em pouquíssimas sessões de atendimento.

Da mesma forma, me vieram à lembrança encontros evangélicos (como os do movimento G12), que também eram carregados de simbolismos e impactos emocionais sem nenhum apelo às disciplinas espirituais de longo prazo. A humildade e a simplicidade (marcas de qualquer cristão maduro) eram totalmente deixadas de lado por uma plateia que dizia de maneira uníssona *"yes,* nós podemos".

Ao longo dos últimos anos, fui verificando que o mesmo fenômeno que pude ver quinze anos atrás acontecia novamente no movimento *coaching:* estamos produzindo uma geração de cristãos frustrados e desacreditados nas verdades bíblicas por acreditarem em um evangelho que não funcionou. Falo isso porque após um tempo, diante da dor, do sofrimento e das dificuldades da vida, o discurso do empoderamento humano e da busca por soluções dentro de nós mesmos sempre se mostrará um castelo de areia que será destruído por qualquer tempestade. Em algum momento da vida nos depararemos com o sofrimento e o discurso do faça você mesmo poderá nos colocar uma pressão emocional ainda maior do que a que já estamos vivendo.

Muitos podem argumentar que, ao falar isso, estou reduzindo a importância do conhecimento, da filosofia, da psiquiatria, da psicologia e da neurociência como ferramentas de ajuda e crescimento pessoal. Entretanto, não me refiro aqui ao conhecimento correto e adequado dessas disciplinas, submetendo-as ao crivo das Escrituras e reconhecendo que Deus é nossa grande fonte de revelação. Mas falo das tentativas de colocar todos esses conhecimentos em primazia em detrimento das Escrituras como fontes de

■ À PROCURA DA FELICIDADE

restauração da alma e tratamento do que está escondido nas cavernas mais profundas de nosso coração.

> *Pois a palavra de Deus é viva e eficaz, e mais afiada que qualquer espada de dois gumes; ela penetra até o ponto de dividir alma e espírito, juntas e medulas, e julga os pensamentos e intenções do coração. (Hebreus 4.12)*

Jonas Madureira, em seu precioso livro *Inteligência humilhada,* nos traz palavras que são um grande soco no estômago frente ao cristianismo que se rendeu à autoajuda e ao autoconhecimento como fonte de conhecimento de Deus:

> *Qualquer conhecimento verdadeiro que possamos ter de nós mesmos será sempre fruto de revelação, e não de mera inteligência. Não há autorreflexão que seja suficiente para nos levar ao autêntico autoconhecimento. O conhecimento que Deus tem de nós nos humilha não apenas porque somos ignorantes com respeito a ele, mas sobretudo porque somos ignorantes com respeito a nós próprios e, por conseguinte, dependemos dele para saber realmente quem somos. Nosso problema se origina no fato de que — a despeito de nossa ignorância de quem somos — temos a pretensão de falar sobre Deus, ostentando um discurso do tipo: "O que você quer saber sobre Deus? Sei tudo sobre ele. Quanta presunção! Mal sabemos o que precisamos saber sobre nós e já nos precipitamos a falar sobre Deus apenas contando com nossas limitadas capacidades intelectuais. Quanta arrogância! Acreditamos que podemos elaborar profundas proposições teológicas sobre Deus, quando na verdade ignoramos a nós mesmos. Ainda que tenhamos acesso ao nosso coração, permaneceremos ignorantes quanto a nós mesmos enquanto não nos submetermos à revelação que Deus tem a nosso respeito".*[2]

Uma das marcas da atual espiritualidade narcisista é achar que temos ou que podemos dar respostas rápidas e fáceis para problemas emocionais complexos e profundos. Reduzimos a vida humana e a espiritualidade a programas engessados de sete passos, com conteúdos que não podem prover uma cosmovisão cristã adequada nem honesta, que não consegue gerar crescimento espiritual sólido e frutífero.

[2]   MADUREIRA, Jonas. **Inteligência humilhada**. São Paulo: Vida Nova, 2017. p. 43-44.

SIMPLICIDADE E HUMILDADE ■

Nós só podemos construir o que a nossa cultura chama de felicidade quando descobrirmos que, no cristianismo, o processo para alcançar o estado de felicidade tem um único ponto de partida: negar a si mesmo e permitir que Deus nos sonde e molde o nosso coração.

João Calvino, em sua obra-prima *As institutas,* traz esta verdade:

> *Quase toda a suma de nossa sabedoria, que deve ser considerada sabedoria verdadeira e sólida, compõe-se de duas partes: o conhecimento de Deus e o conhecimento de nós mesmos. Como são unidas entre si por muitos laços, não é fácil discernir qual precede e gera a outra* (Institutas I.1.1).[3]

Em outras palavras, não é possível separar o autoconhecimento do conhecimento de Deus.

O apóstolo Paulo, depois de visitar a igreja de Corinto e ver os cristãos daquela cidade fascinados pela sabedoria humana, ensinou-os que, acima de tudo, eles deveriam entender que o poder de Deus por meio de seu Espírito deveria ser o centro de sua espiritualidade. Nas palavras do apóstolo:

> *Eu mesmo, irmãos, quando estive entre vocês, não fui com discurso eloquente nem com muita sabedoria para lhes proclamar o mistério de Deus. Pois decidi nada saber entre vocês, a não ser Jesus Cristo, e este, crucificado. E foi com fraqueza, temor e com muito tremor que estive entre vocês. Minha mensagem e minha pregação não consistiram de palavras persuasivas de sabedoria, mas consistiram de demonstração do poder do Espírito, para que a fé que vocês têm não se baseasse na sabedoria humana, mas no poder de Deus. Entretanto, falamos de sabedoria entre os maduros, mas não da sabedoria desta era ou dos poderosos desta era, que estão sendo reduzidos a nada.* (1Coríntios 2.1-6)

Veja como o discurso de Paulo não segue o padrão do discurso pregado hoje. Paulo não diz que se sente empoderado, general do reino, extraordinário ou inabalável. Ele afirma categoricamente que foi com fraqueza, temor e tremor que esteve compartilhando a mensagem da cruz em Corinto.

---

[3] CALVINO, João. **As institutas**. São Paulo: Cultura Cristã, 2018.

■ À PROCURA DA FELICIDADE

Se olharmos muitas mensagens que ouvimos sobre o evangelho hoje, percebemos que elas não vão nessa direção. Como disse antes, somos sutilmente incentivados a acreditar que é na busca por sabedoria humana, por códigos, por técnicas que iremos trazer mudança em nossas comunidades. É muito triste vermos que, ao contrário de Paulo, não é a semente da fraqueza que germina em nossos púlpitos, mas uma semente recheada de narcisismo e de culto a si mesmo.

Veja que o apóstolo nos fala da simplicidade de compartilhar o evangelho não com palavras eloquentes ou com muita sabedoria. Paulo, mesmo letrado e possuidor de elevada bagagem cultural, sabia perfeitamente que se não fosse o poder do Espírito Santo operando por meio da vida dele, ele não teria como ter genuínos frutos espirituais.

Infelizmente podemos também presenciar isso na busca evangélica pela felicidade. Valorizamos mensagens de autoajuda, motivacionais ou recheadas de frases de efeito. Saímos extasiados de reuniões motivados por palavras que só nos tocam emocionalmente sem de fato atingir profundamente nosso coração. Nós nos rendemos ao culto alma porque infelizmente não nos submetemos ao Espírito Santo para que ele seja a nossa fonte maior de sabedoria e revelação.

Da mesma forma, na escassez de revelação do Espírito, tentamos o emular com cultos cada vez mais manipulados para atingir as emoções da plateia ansiosa por estímulos. Criamos cultos que parecem *shows*, nos rendemos à pirotecnia, transformamos nossos louvores em momentos de autossatisfação e criamos momentos artificiais onde as pessoas são emocionalmente manipuladas como em qualquer reunião de autoajuda ou convenções de *coaching* seculares.

Paulo deixa claro: ele não queria que sua palavra fosse persuasiva de sabedoria humana, mas demonstrações do Espírito e poder! Por que nossas comunidades muitas vezes não são centros de manifestação de poder? Por que cada vez menos vemos impactos do evangelho modificando profundamente a mente e as emoções das pessoas? A resposta talvez esteja no fato de que infelizmente estamos apenas criando movimentos artificiais de espiritualidade sem que Deus esteja operando em nosso meio.

Não podemos ser enganados. As coisas espirituais, se tocadas apenas no âmbito das emoções e da autoajuda, não produzirão em nós vidas frutíferas e conhecimento verdadeiro do Senhor. Ou podemos também dizer: o que

SIMPLICIDADE E HUMILDADE ■

chamamos de felicidade (que para o cristão é viver uma vida que glorifique a Deus) nunca será possível com um evangelho distorcido que nos vende caminhos que são contrários às Escrituras.

> *Delas também falamos, não com palavras ensinadas pela sabedoria humana, mas com palavras ensinadas pelo Espírito, interpretando verdades espirituais para os que são espirituais.* (1Coríntios 2.13)

Dessa forma, o evangelho bíblico é humilde. Glorifica a Deus. É marcado por uma mensagem onde o centro é Cristo crucificado. Se nossa espiritualidade está centrada na felicidade, no bem-estar, na autoestima ou na prosperidade, estamos construindo ídolos no coração que nos afastarão do Deus vivo.

Capítulo 13

ORAÇÃO

É INTERESSANTE como temos uma tendência em nossas comunidades de tornar todos os sentimentos relacionados à ansiedade e à angústia ruins ou sinônimos de falta de fé. Da mesma forma, muitos também caem no extremo de achar que toda angústia ou ansiedade se trata de um problema psiquiátrico e deve ser, portanto, medicado.

A grande realidade é que nós cristãos podemos apresentar diferentes tipos de ansiedade.

A primeira delas é a ansiedade relacionada ao estresse positivo. A ansiedade boa que nos impulsiona a trabalhar, estudar, bater metas, ler um livro ou superar um desafio. Deus nos fez com essa ansiedade para criarmos, sermos proativos e tomarmos decisões em nossa jornada terrena. Logo, essa ansiedade é boa e não pode ser vista como pecado.

■ À PROCURA DA FELICIDADE

A segunda ansiedade é a ansiedade patológica. São pessoas que possuem transtornos mentais e de comportamento relacionados à ansiedade. Lutam contra quadros de transtorno de ansiedade generalizada ou ataques de pânico. São doenças como qualquer outra patologia com a qual nos deparamos ao longo da vida (como diabetes, hipertensão etc.). Mas muitos cristãos, diante de uma crise de pânico ou sofrendo de ansiedade generalizada, são julgados por estarem em pecado, com falta de fé ou sem comunhão com Deus. Essa segunda ansiedade também não é pecado, trata-se de um transtorno mental com causas variáveis, como genética ou estresse crônico e persistente.

Mas existe uma terceira ansiedade com a qual o cristão vai lidar ao longo de sua vida. Não será a ansiedade normal, que o impulsiona a realizar tarefas com melhor habilidade. Tampouco preencherá critérios para um transtorno mental.

Essa ansiedade é um tipo de angústia ou inquietação, ou perturbações, que nos levam a buscar o Senhor e procurar a sua face.

O apóstolo Paulo nos fala que muitos sentimentos (como a tristeza) são maneiras de Deus produzir em nós mudanças que nos levem ao arrependimento e à salvação:

> *Agora, porém, me alegro, não porque vocês foram entristecidos, mas porque a tristeza os levou ao arrependimento. Pois vocês se entristeceram como Deus desejava, e de forma alguma foram prejudicados por nossa causa. A tristeza segundo Deus produz um arrependimento que leva à salvação e não remorso, mas a tristeza segundo o mundo produz morte.* (2Coríntios 7.8,9)

Neste texto, o apóstolo foi claro ao afirmar que a tristeza que os irmãos de Corinto apresentaram produziu um fim proveitoso e foi instrumento de Deus para arrependimento e salvação.

Compreender isso é muito importante. Na sociedade do espetáculo e da felicidade, somos desestimulados a manifestar tristeza ou ansiedade em nossa experiência de vida. Demonizamos a angústia. Transformamos nossas inquietudes em falta de fé ou falsos diagnósticos de Transtorno de Déficit de Atenção e Hiperatividade (TDAH).

Se a felicidade é um bem a ser consumido e ser feliz é o grande mandamento do homem pós-moderno, toda expressão de sentimentos considerados

ORAÇÃO ■

negativos deve ser repelida ou medicada. De fato, são inúmeros os cristãos que me procuram e que não estão passando por quadros psiquiátricos de ansiedade, mas por processos existenciais e espirituais em que Deus pode estar usando o momento de angústia ou de inquietude para impeli-los à prática da oração.

João Calvino falou de maneira muito bela sobre isso:

> *Não insisto com a mente tão desengajada que não sinta as perturbações da ansiedade; ao contrário, o fervor da oração é inflamado pela ansiedade. Assim, vemos que os santos servos de Deus sofrem grande angústia, para não dizer solicitude, quando fazem subir ao Senhor a voz do queixume a partir do abismo profundo e das mandíbulas da morte.*[1]

Calvino está ensinando algo precioso: que a ansiedade nos faz orar mais. Ela nos faz sair do lugar comum e nos leva a desejar mudanças e a buscar mais intensamente o Deus a quem servimos.

Mas se escutamos frequentemente em nossos púlpitos que toda ansiedade é pecado e dos pregadores do evangelho da autoajuda que toda ansiedade e angústia devem ser repelidas, podemos inibir essa importante forma de o Espírito de Deus nos falar ao coração e impulsionar a oração.

Além disso, momentos de tristeza e angústia podem ser muito necessários para nos aperfeiçoarmos e amadurecermos em nossa jornada de crescimento espiritual. Se partirmos do pressuposto de que a vida cristã é sempre marcada por momentos de alegria e euforia, e que toda ansiedade ou tristeza não podem ser permissão de Deus, nos desumanizamos e entramos em um processo de cobrança e autopunição extremamente doentio.

Essa é também uma das consequências da sociedade da *performance* e do cansaço em nossa espiritualidade. Deixamos de compreender que muitas angústias ou tristezas só serão superadas por meio de disciplinas espirituais de longo prazo, e, dentre elas, a oração talvez seja a mais importante.

A grande questão é que, como somos viciados em estímulos e a buscar soluções rápidas, a oração se torna para muitos cristãos algo entediante e desnecessário. É fato que Deus pode operar transformações e milagres sem nenhuma oração da nossa parte, mas aprouve a ele que algumas coisas já

---

[1] CALVINO, João. **Oração, o exercício contínuo da fé**. São Paulo: Vida, 2016. p. 15.

■ À PROCURA DA FELICIDADE

definidas em sua soberania só acontecessem por meio de nossa coparticipação por meio da oração.

Essa é uma dúvida de muitos cristãos: por que orar se Deus é todo-poderoso e soberano? Por que orar se Deus já sabe o que vai fazer? Se Deus já vai fazer custe o que custar, não seria melhor eu trabalhar pesado e confiar unicamente nas minhas forças e simplesmente viver? Orar nos permite conhecer Deus. Permite assimilarmos os sentimentos e desejos do Eterno frente às inúmeras oportunidades da vida. Orar nos faz entrar no tempo de Deus e sermos atuantes juntamente com ele em inúmeros atos de bondade sobre a terra. Orar é um privilégio que Deus nos permitiu ter.

A oração verdadeira não é refém da confissão positiva. Ela reconhece que Deus é soberano e que não se renderá aos nossos caprichos e delírios egoístas. Mas, ao mesmo tempo, ela não é passiva ou incrédula: oramos confiando que Deus sempre responde nossas orações, mesmo que não tenhamos as respostas que muitas vezes imaginamos.

No Evangelho de Lucas, Jesus dá uma grande revelação por meio de uma parábola:

> *Então Jesus contou aos seus discípulos uma parábola, para mostrar-lhes que eles deviam orar sempre e nunca desanimar. Ele disse: "Em certa cidade havia um juiz que não temia a Deus nem se importava com os homens. E havia naquela cidade uma viúva que se dirigia continuamente a ele, suplicando-lhe: 'Faze-me justiça contra o meu adversário' ".*
> *"Por algum tempo ele se recusou. Mas finalmente disse a si mesmo: 'Embora eu não tema a Deus e nem me importe com os homens, esta viúva está me aborrecendo; vou fazer-lhe justiça para que ela não venha me importunar'". E o Senhor continuou: "Ouçam o que diz o juiz injusto. Acaso Deus não fará justiça aos seus escolhidos, que clamam a ele dia e noite? Continuará fazendo-os esperar? Eu lhes digo: ele lhes fará justiça, e depressa. Contudo, quando o Filho do homem vier, encontrará fé na terra?" (Lucas 18.1-8)*

Neste texto, Jesus nos mostra a necessidade de orar sempre e nunca esmorecer. Ou seja, ele nos diz que a oração é um mandamento que deve ser exercitado de maneira persistente e determinada porque temos um Deus que é justo Juiz e fará o que é correto e perfeito na vida de seus filhos. Ele nos traz uma palavra de muita esperança: "não fará Deus justiça aos seus escolhidos?".

ORAÇÃO ■

Lembro-me de uma fase muito difícil em meu casamento. Minha esposa Simone vinha de três abortos consecutivos. Por algumas vezes questionei a Deus se ele ainda tinha para nós planos de termos filhos. Na quarta gravidez, confesso que não fiquei tão feliz ou seguro como nas outras: as sombras dos três abortos pairavam sobre a minha cabeça. Desde o início oramos para que Deus pudesse fazer o melhor sobre nossas vidas, mas que o desejo de nosso coração era ter filhos.

Por volta da décima quarta semana gestação, toda mulher faz um exame para rastrear eventuais problemas de cromossomopatias ou defeitos congênitos. Lembro que fomos fazer esse exame e, durante a ultrassonografia, a médica nos disse com um tom um pouco triste que o exame estava alterado. Existia um marcador relacionado à nuca do bebê que estava muito maior do que o previsto e isso poderia indicar que a criança teria uma síndrome.

Fomos informados sobre a possibilidade de fazermos uma biópsia guiada por ultrassonografia para confirmarmos uma eventual síndrome, mas com um determinado risco de perdermos o bebê. Nesses dias, ficamos extremamente angustiados e lembro perfeitamente que fui ao monte orar para que Deus não permitisse ter uma criança deficiente ou sindrômica. Juntos, eu e Simone decidimos não fazer nenhum procedimento invasivo e termos o diagnóstico correto no parto.

Foram meses de muita angústia e luta emocional. Cheguei a escutar de alguns cristãos próximos que Deus não me daria um filho com síndrome porque era um crente fiel diante dele. Mas, na oração e nas súplicas, muitas vezes em meio às lagrimas, eu entregava o destino da criança nas mãos de Deus.

No dia do nascimento, lembro-me muito bem do olhar da pediatra que nos assistiu na sala de parto e, naquele momento, percebi que de fato se trataria de uma criança sindrômica. Lembro que peguei Tiago no colo, Simone o abraçou e ele foi logo direcionado ao Centro de Terapia Intensiva devido a uma significativa hipertensão pulmonar (um aumento da pressão nos pulmões que o impedia de respirar).

Tiago passou 45 dias no CTI. Nesses dias, fiz inúmeras orações, conforme minhas angústias e tristezas apareciam em meus momentos diante do Eterno. Mas não me esqueço do dia em que abri a janelinha do aparelho em que ele ficava na unidade intensiva, coloquei minha mão sobre a mãozinha dele e orei dizendo ao Senhor: "Pai, eu quero muito que ele fique e sobreviva, mas que seja feita tua vontade e não a minha".

■ À PROCURA DA FELICIDADE

Tiago foi melhorando dia a dia e se tornando um bebê forte. Aprendeu a fazer sucção por meio de uma mamadeira e finalmente o levamos para casa. Ter uma criança especial mexe muito com nossos sentimentos. Além de ter uma necessidade de atenção redobrada, ficamos extremamente angustiados quanto ao futuro dela. Se, por um lado, ficamos muito alegres em termos o primeiro filho; por outro, em muitas vezes me pegava preocupado quanto ao futuro dele.

Mas nunca deixei de orar sobre os propósitos que Deus teria sobre uma criança especial em minha vida. Minha tradição mais reformada do evangelho me ensinou que em nada Deus era aleatório. Tudo era intencional. Deus não jogava dados ou deixava as coisas acontecerem apenas pelas explicações da biologia ou das migrações cromossômicas. Uma criança com síndrome de Down (caso do Tiago) era para a medicina um acidente genético raro em uma pessoa com 35 anos (idade de Simone na época), mas, para mim, eu sabia que Deus tinha desenhado intencionalmente Tiago da maneira que ele escolheu antes da fundação do mundo.

Com o crescimento do Tiago (hoje com 8 anos) pude aprender muito sobre a soberania e o cuidado de Deus. Olho para ele todos os dias e vejo como Deus olha para mim: puro, indefeso e muitas vezes incompreendido. Em cada olhar e abraço sincero, sinto-me curado das aflições do meu dia a dia. Além disso, aprendi com Tiago que Deus é necessário e soberano não só sobre ele, uma criança atípica, mas também sobre minhas duas outras filhas neurotípicas.

Quantas vezes pensei que ele teria de ter mais cuidados do que minhas outras filhas? Quantas vezes erroneamente interpretei que Deus teria de ser mais incisivo na vida dele do que na delas? Essas distorções só foram morrendo em meu coração por meio da oração.

Lembro que em um determinado dia de atendimento no consultório uma amiga e intercessora passou lá para conversar comigo sobre questões da vida. Ao final, ela pegou minhas mãos parar orar e nessa oração Deus a usou profundamente para falar ao meu coração. Muitos podem não acreditar em profecias ou revelações, mas em minha jornada de fé foram inúmeras as ocasiões em que Deus se utilizou dessas abordagens para falar comigo.

Nesse dia, ao orar, o Espírito do Senhor me disse por meio de minha amiga "não se preocupe com seu filho. Você não pegou nas mãos dele no CTI e o entregou a mim?". Confesso que chorei muito. Lembrei-me naquele

ORAÇÃO ■

momento de minha oração feita no momento de dor e angústia e pude ouvir
do Senhor diretamente que ele tinha o controle absoluto sobre toda a vida
do Tiago (e da minha também).

Existem questões sobre a vida dele que um dia pretendo abordar em
outro livro. Mas o intuito de contar essa história é mostrar que Deus escu-
ta nossas orações. Que elas são terapêuticas. Que nos permitem conhecer
mais do Senhor e seu caráter. Orações nos permitem descobrir que Deus
é soberano sobre tudo e sobre todos, e isso é um grande remédio para
nosso coração.

Na sociedade do cansaço e do *burnout*, somos sempre incentivados a
estar acelerados e inquietos, mas, se não disponibilizarmos tempo de oração
em nossas rotinas diárias, estaremos claramente desperdiçando oportunidades grandes de cura diante do Eterno.

A .W. Tozer disse algo que sempre inquieta o meu coração: "Deus não
se curvou à nossa pressa nervosa, nem adotou os métodos de nossa era imediatista. O homem que deseja conhecer a Deus precisa dedicar-lhe tempo,
muito tempo".

Para conhecer a Deus, devemos dedicar-lhe tempo. E conhecer a Deus
é, de fato, a grande maneira de alcançarmos o que a nossa cultura chama
de felicidade. Ter a verdadeira paz, ter senso de propósito e estar contente e
satisfeito com o que se tem são conquistas que só podemos admitir estarem
em nossa posse quando chegam ao nosso coração por meio da dedicação à
oração e à leitura intensiva das Escrituras.

Um reflexo de nossa cultura evangélica com ênfase nos resultados imediatos é a ausência do fervor e da persistência na oração. Desistimos no meio
do caminho com muita facilidade. Pensamos que Deus não nos responde
porque mal oramos por alguns dias e, se não tivemos resposta, então desistimos. Não é à toa que Jesus nos advertiu: "Contudo, quando o Filho do
homem vier, encontrará fé na terra?" (Lucas 18.8).

Como tem sido a sua vida de oração? Você tem exercitado essa disciplina espiritual em seu dia a dia? Não adianta querer fórmulas rápidas de
crescimento espiritual, ler *best-sellers* sobre crescimento pessoal e autodesenvolvimento se não tiver a oração como forma prioritária de transformação
de nossa vida e modificação do coração.

João Calvino ensinou que:

■ À PROCURA DA FELICIDADE

> *Da mesma forma, vemos que nada é colocado diante de nós como objeto de expectativa da parte do Senhor que não sejamos ordenados a lhe pedir em oração, e isso é tão verdadeiro que a oração desenterra os tesouros que o evangelho de nosso Senhor revela aos olhos da fé. Nenhuma palavra pode expressar com suficiência a necessidade e a utilidade do exercício da oração.*[2]

A oração é a nossa principal disciplina espiritual. Ela nos conduz diretamente à presença do nosso Pai celestial. Timothy Keller, em seu precioso livro *Oração: experimentando intimidade com Deus,* afirma que a oração é um remédio para sobrevivermos ao mundo em que vivemos:

> *Imagine que você recebeu o diagnóstico de uma enfermidade tão letal que o médico lhe deu poucas horas de vida, a menos que tome determinado remédio — um comprimido toda noite antes de dormir. Imagine que ele lhe recomende não deixar de tomar o remédio uma noite sequer, senão poderá morrer. Você acha que se esqueceria de tomá-lo? Ou deixaria de tomá-lo algumas noites? Não. Seria tão crucial não se esquecer que você jamais deixaria de tomá-lo. Bem, se não orarmos juntos a Deus, não sobreviveremos a tudo o que estamos enfrentando. Eu com certeza não sobreviverei. Temos de orar. Simplesmente não podemos deixar que isso nos saia da cabeça.*[3]

Não podemos deixar de orar. Não podemos permitir que a sociedade e o estilo de vida acelerado ao qual temos sido submetidos nos roubem o precioso tempo disponível para oração. Não ter tempo para Deus é viver perdendo tempo. A oração não é apenas um mandamento que Jesus nos deu, mas uma necessidade, um remédio sem o qual não sobreviveremos.

Ana orou por muitos anos e teve o filho Samuel como resposta de sua oração. E Samuel, que se tornou profeta, mudou a história da nação de Israel. Tiago, meu filho especial, não veio da maneira como eu pedi inicialmente a Deus em oração, mas hoje tenho convicção de que o Senhor o criou conforme seus propósitos e para sua honra e glória. Essa revelação e assentimento em meu coração só foram possíveis por meio da oração e meditação nas Escrituras.

---

[2] CALVINO, João. **Oração, o exercício contínuo da fé**. São Paulo: Vida, 2016.

[3] KELLER, Timothy. **Oração: experimentando intimidade com Deus**. São Paulo: Vida Nova, 2016.

Capítulo 14

MEDITE NAS ESCRITURAS

> *Como é feliz aquele que não segue o conselho dos ímpios, não imita a conduta dos pecadores, nem se assenta na roda dos zombadores! Ao contrário, sua satisfação está na lei do Senhor, e nessa lei medita dia e noite. É como árvore plantada à beira de águas correntes: Dá fruto no tempo certo e suas folhas não murcham. Tudo o que ele faz prospera!* (Salmos 1.1-3)

O PRIMEIRO Salmo bíblico é um convite à meditação na Lei do Senhor. Um convite a colocarmos a nossa satisfação na Lei de Deus e nela meditarmos dia e noite.

■ À PROCURA DA FELICIDADE

Como exposto anteriormente, um dos principais focos da sociedade contemporânea está na busca pela felicidade e pela prosperidade, ou por sermos bem-sucedidos. Mas o Salmo 1 aponta um caminho muito diferente do que temos aprendido em diferentes comunidades cristãs sobre o segredo da felicidade e da prosperidade. Nele, o salmista nos convida a meditarmos na Palavra de Deus e fazermos dela um padrão de contracultura frente ao mundo em que vivemos.

É inacreditável que se gaste elevadas somas em dinheiro na compra de livros de autoajuda, cursos e treinamentos, mas negligenciemos a meditação nas Escrituras como fonte primária de sabedoria e de crescimento espiritual. Muitos cristãos não acreditam no poder das Escrituras para nos apontar caminhos e corrigir rotas existenciais, e na capacidade delas de direcionar-nos a uma vida que verdadeiramente glorifique a Deus. Fato é que não somos nós que lemos as Escrituras, mas as Escrituras é que nos leem; elas que penetram em nosso ser e nos transformam, tamanho poder elas têm.

Mas por que a reflexão nas Escrituras é importante? Por vários motivos. O primeiro ponto que devemos compreender é que meditar nas Escrituras é terapêutico. Nenhum outro livro nem o autor *best-seller* do momento terão maiores poderes para transformar nosso coração do que as Escrituras Sagradas. O cristão não poderá tornar a meditação nas Escrituras algo secundário em sua vida. A Bíblia deve ter a primazia e o melhor de nosso tempo.

Em Salmos temos uma grande promessa: "A lei do Senhor é perfeita e revigora a alma." (Salmos 19.7).

Quantos de nós não queremos ter uma alma revigorada? Quantos de nós não queremos ter libertação de males que nos atormentam por anos ou décadas? Segundo o nosso Deus, as Escrituras têm o poder de nos modificar e proporcionar mudanças profundas em nós.

Em nossas comunidades, damos muita ênfase às curas realizadas por meio de campanhas de oração, revelações, quebras de maldições e recentemente por meio de líderes que nos prometem chaves espirituais ou códigos que mudarão a nossa mente. Entretanto, pouco se fala da necessidade de ler e meditar nas Escrituras e ter nelas libertações verdadeiras e continuadas em nossa vida ordinária, comum.

MEDITE NAS ESCRITURAS ■

Ao longo da história da igreja sempre existiram falsos profetas dizendo ter uma revelação especial ou uma nova forma de viver o evangelho. Entretanto, o testemunho dos apóstolos nos mostra que as grandes transformações e os grandes avivamentos nasceram de disciplinas simples, como oração e meditação nas Escrituras, por meio de uma comunidade comum, mas disciplinada em buscar o Senhor por meio de verdades ordinárias.

Lemos no início do livro de Atos que a igreja crescia por meio do ensino dos apóstolos e da comunhão (Atos 2.42).

Era uma comunidade simples. Sem líderes que se diziam especiais ou com uma nova revelação que não fosse Cristo crucificado e sua ressurreição. Por meio de homens sem muita cultura ou formação acadêmica, o poder de Deus se manifestava de maneira genuína por meio do ensino dos apóstolos. Se compararmos o início da igreja com o que vemos hoje, veremos uma nítida incompatibilidade no padrão de liderança narcisista, empoderado e focado na busca de bens que presenciamos em alguns recintos evangélicos.

Veja o que a própria Bíblia diz sobre isso:

Na presença de Deus e de Cristo Jesus, que há de julgar os vivos e os mortos por sua manifestação e por seu Reino, eu o exorto solenemente: Pregue a palavra, esteja preparado a tempo e fora de tempo, repreenda, corrija, exorte com toda a paciência e doutrina. Pois virá o tempo em que não suportarão a sã doutrina; pelo contrário, sentindo coceira nos ouvidos, segundo os seus próprios desejos juntarão mestres para si mesmos. Eles se recusarão a dar ouvidos à verdade, voltando-se para os mitos. Você, porém, seja sóbrio em tudo, suporte os sofrimentos, faça a obra de um evangelista, cumpra plenamente o seu ministério. (2Timóteo 4.1-5)

O apóstolo Paulo, usado profeticamente pelo Espírito Santo, nos adverte de que perto do tempo do fim (ele expõe sobre as características do fim em 2Timóteo 3) as pessoas não suportarão ouvir o conteúdo bíblico verdadeiro e saudável. Antes, ficarão extremamente incomodadas com aqueles que tentarem ensinar valores que sejam contrários aos seus desejos narcisistas.

Se há quem ensine conteúdos dessa natureza, é porque existe quem os consuma. Dessa forma, devemos refletir sobre o que temos consumido e sobre em qual ensino temos pautado nossa vida, colocado nosso coração

■ À PROCURA DA FELICIDADE

e depositado nossas expectativas em relação a o que é a vida e a verdadeira felicidade.

Paulo também afirmou que as pessoas não somente terão dificuldade de ouvir a sã doutrina, mas se ajuntarão em movimentos ou grupos para ouvir aquilo que elas gostariam de ouvir. Tais pessoas ficarão cegas, hipnotizadas e se renderão a mitos e falsos ensinos.

Nos últimos anos, tenho percebido que movimentos assim vêm crescendo entre meus pacientes. As narrativas da falsa verdade bíblica estão tão impregnadas no coração dessas pessoas que é extremamente difícil confrontá-las de maneira saudável com as verdades das Escrituras.

O apóstolo Paulo diz que devemos ser sóbrios e suportar sofrimentos. Mas como viver essa verdade se o que importa ao crente de hoje é a busca pelo sucesso, pelas riquezas e autoconhecimento por iniciativa própria? É urgente realinharmos o papel da meditação nas Escrituras em nossa rotina cristã, estabelecendo tal disciplina como uma vacina contra o humanismo, o secularismo e os ídolos de nosso tempo.

Devemos orar ao Senhor para que ele torne a revelação por meio das Escrituras nossa maior fonte diária de conhecimento e crescimento espiritual. Fico muito assustado quando vejo nos grupos de mensagens de cristãos o compartilhamento efusivo de textos de autoajuda, totalmente contrários ao ensino das Escrituras, como se fossem verdades ou mantras capazes de nos trazer felicidade e sucesso.

Óbvio que temos excelentes livros que nos ensinam a aprender melhor sobre mente, mudanças de hábitos ou até mesmo a identificar problemas emocionais desconhecidos. No entanto, se não formos bem orientados, o foco errado na busca pela sabedoria, a ênfase em curas milagrosas ou o excessivo valor que damos a líderes especiais podem aumentar nossa ansiedade e produzir inúmeras frustrações em nossa jornada cristã.

Michael Horton novamente nos traz uma inquietante verdade sobre a ambição de nosso tempo:

> *Ambição é ambição, não obstante o pacote em que venha embrulhada. Hoje em dia há realmente líderes que se identificam como apóstolos, fundadores ou outros pioneiros extraordinários de uma igreja. Conquanto eles descartem as averiguações e vistorias dos mais velhos e mais sábios, e as formas mais antigas e mais sábias de governo da igreja, acabam reivindicando para si o trono. Uma terminologia*

MEDITE NAS ESCRITURAS ■

> *familiar ainda poderá ser utilizada, mas seu significado mudou porque toda sua estrutura referencial ficou secularizada. Onde a mensagem bíblica nos chama à cruz para morrer para si mesmo e ser ressurreto em Cristo, a nova mensagem chama o velho Adão para um eu melhorado, capacitado a cumprir mais facilmente seu próprio projeto de vida. O novo evangelismo negocia um contrato com o pecador, em vez de anunciar o juízo de Deus e as boas-novas do pacto da graça. Desse jeito, a igreja se torna mais um provedor de serviços, governado pelas escolhas autônomas dos consumidores, simplesmente perpetuando a ilusão da soberania própria que conduz à morte.*[1]

Muitas vezes não lemos as Escrituras dispostos a morrer para nós mesmos, mas para termos *insights* espirituais que nos guiem à prosperidade e à felicidade. O mesmo nos é dito por A. W. Tozer em seu livro *The dwelling place of God:*

> *A nova cruz não mata o pecador, ela o redireciona. Ela o conduz a um estilo mais limpo e feliz de vida, salvando seu respeito pessoal. Ao que procura autoafirmação ela diz: "Venha se afirmar por Cristo". Ao egoísta ele diz: "Venha e se gabe no Senhor". Ao que busca empolgação ela diz: "Venha desfrutar da maravilhosa comunhão cristã". A mensagem cristã é inclinada na direção da moda atual a fim de torná-la aceitável ao público.*[2]

Dessa forma, não basta ler as Escrituras. Temos que meditar em suas verdades buscando realinhar nosso coração aos propósitos e verdades segundo o que Deus afirma e não por aquilo que gostaríamos de ouvir.

A leitura bíblica não é qualquer leitura. A Bíblia nos diz que "a Palavra de Deus é viva e eficaz, e mais penetrante do que qualquer espada de dois gumes, e penetra até o ponto de dividir alma e espírito, juntas e medulas, e julga os pensamentos e as intenções do coração." (Hebreus 4.12).

Além disso, conforme lemos no texto acima, existem lugares no coração que somente as Escrituras podem alcançar.

Em Hebreus 4.12 vemos duas formas de como a Palavra de Deus é uma vacina para o cristão frente ao mundo humanista em que vivemos. Primeiro, nos diz que ela é viva. Logo, nenhum livro de autoajuda ou motivacional, por

---

[1] HORTON, Michael. **Simplesmente crente**: por uma vida cristã comum. São José dos Campos, SP: Editora Fiel, 2018. p. 85.

[2] TOZER, A. W. **Man: The Dwelling Place of God**. Camp Hill, PA: Wingspread, 2008. p. 16-17.

À PROCURA DA FELICIDADE

melhor que seja, provocará o efeito terapêutico que a Palavra de Deus pode provocar. As Escrituras são a própria voz, os conselhos e os pensamentos de Deus revelados para o homem, de modo que Deus as utiliza para revelar-nos aquilo que está em nosso interior, gerando mudanças em nós. Um bom livro poderá nos levar a reflexões e aumentar o nosso conhecimento, mas de maneira alguma ele dará a nós o efeito que a ação direta de Deus em nossa saúde física, emocional e espiritual dará como a Bíblia.

Pessoas com transtornos mentais (como depressão e ansiedade) possuem muitos pensamentos enraizados distorcidos que comprometem a percepção correta de nós mesmos, de Deus e do mundo exterior. A Palavra de Deus revelada em nosso coração é capaz de corrigir essas distorções, pois evidencia, por meio da ação do Espírito Santo, processos escondidos em nossa alma que nunca poderíamos descobrir por meios médicos ou psicoterápicos. Há pensamentos e intenções em nosso coração que nem mesmo o psicólogo mais bem treinado e capacitado será capaz de descobrir, mas que serão descortinados por meio da leitura bíblica diária.

Outra forma terapêutica das Escrituras é sobre o poder delas de definir nossa identidade.

O sociólogo polonês Zygmunt Bauman, em sua obra *Identidade,* nos mostra que um dos grandes problemas de nosso tempo é a liquefação da identidade:

> *Nesse reembaralhamento, até as formas básicas de*
> *relacionamento social estão passando por uma mutação.*
> *Das relações amorosas à religião, tudo se torna instável, líquido.*[3]

Para ele, nosso tempo é marcado pela crise das instituições e das referências, o que ele nomeou de "derretimento dos sólidos", pela perda de nossas tradições e autoridades coletivas. Tudo é líquido, relativizado e cada um hoje pode construir sua própria verdade. Ficamos perdidos com tantas opções. A liberdade que nos prometia a felicidade no fundo se tornou nosso grande algoz. Já não sabemos mais quem somos ou de fato o que queremos. Como corrigir isso?

As liturgias espirituais e as disciplinas espirituais podem fornecer ao cristão um antídoto frente à sociedade líquida, pois podemos pelas Escrituras ter

---

[3] BAUMAN, Zygmunt. **Identidade.** Rio de Janeiro: Zahar, 2005.

MEDITE NAS ESCRITURAS ■

nossa identidade moldada pelo método que Deus determinou no texto sagrado: a imitação de Cristo.

A Palavra de Deus corrige a identidade distorcida, pois, ao lê-la, sabemos a maneira como Deus nos vê, o que pensa sobre nossa vida e quais as verdades que ele deseja a que nos apeguemos. O texto bíblico é vivo e eficaz, não podemos nunca perder de vista que a leitura das Escrituras moldará nossos afetos e criará em nós uma identidade que agrade a Deus e o glorifique.

A cura pela Palavra levará gradualmente a uma mudança de mente, pois Deus corrige e até retira, progressivamente, os esquemas mentais distorcidos (implantados pelo mundo corrompido) e instala em nosso pensamento conforme a sua vontade, de modo a nos fazer cada vez mais parecidos com Cristo e a termos a sua mente (2Coríntios 3.18).

A leitura bíblica também aumenta a nossa fé (Romanos 10.17), pois a fé vem de ouvir a Palavra de Deus. O sentimento de impotência, desesperança, inutilidade e pessimismo será vencido com a compreensão do poder e da presença de Deus em nossa vida, revelados pelas Escrituras. Seremos libertos do evangelho de faça você mesmo, o poder que está dentro de você ou Deus só faz se você determinar.

Se conhecermos a Palavra de Deus, estaremos cada vez mais próximos de vivermos uma espiritualidade cristã saudável, baseada na graça, na percepção de que Deus é soberano e que tem o controle de cada área de nossa vida. Uma espiritualidade saudável produzirá cristãos saudáveis. Uma teologia doente produzirá cristãos doentes.

Teologias emocionalmente tóxicas (como teologia da prosperidade, confissão positiva, teologia do *coaching*, teologia da autoestima) não afetarão o cristão que medita e estuda diariamente as Escrituras.

Em oração, devemos pedir a Deus que torne a Palavra viva e que penetre em nossa alma de modo a identificar e a tratar os sentimentos e os pensamentos contrários àquilo que ele planejou para nossa vida.

Para aqueles que queiram avançar nos estudos das disciplinas espirituais, sugiro a leitura do livro *Celebração da disciplina*[4], de Richard Foster. No próximo capítulo falarei sobre as disciplinas biológicas e sobre como termos saúde em uma sociedade que nos adoece tanto.

---

[4] FOSTER, Richard. **Celebração da disciplina**. São Paulo: Vida, 2007.

Parte III

DISCIPLINAS PARA O CORPO E A ALMA CONTRA A SOCIEDADE DO CANSAÇO

Capítulo 15

QUAIS SÃO OS SEGREDOS DOS POVOS MAIS FELIZES?

NO INÍCIO deste livro, falei sobre como o estresse pode ser algo positivo ou negativo, e apresentei dados sobre o que ele pode causar em nosso corpo. De fato, ao contrário do que pensávamos, boa parte dos pacientes com depressão e ansiedade não apresenta baixas nos níveis de neurotransmissores, mas alterações inflamatórias no cérebro, oriundas do estresse, que causa inúmeros problemas neuropsiquiátricos.

■ À PROCURA DA FELICIDADE

Dessa forma, como prevenir essas doenças? Existem hábitos que podem reduzir o estresse e nos levar a um estilo de vida mais saudável? Vimos que a espiritualidade tóxica rouba o nosso bem-estar e o senso de propósito, mas não podemos desconsiderar que a Bíblia afirma que devemos cuidar e zelar igualmente por nosso corpo e nossa mente.

> *Que o próprio Deus da paz os santifique inteiramente. Que todo o espírito, alma e corpo de vocês seja conservado irrepreensível na vinda de nosso Senhor Jesus Cristo. (1 Tessalonicenses 5.23)*

Este texto bíblico deve ficar registrado em nosso coração. Cuidar do corpo e das emoções é algo tão importante quanto cuidar da nossa vida espiritual.

Mas, diante das perguntas citadas anteriormente, existe um estilo de vida que proporcione mais longevidade e bem-estar ao ser humano? Sim, existem vários. Diferentes estudos acadêmicos buscaram respostas sobre saúde, bem-estar e longevidade entre comunidades ou grupos que tinham uma melhora na qualidade de vida por meio de análise observacional. Além disso, temos hoje vários estudos mostrando que determinados hábitos podem inflamar e adoecer nosso corpo mais precocemente, causando inúmeras doenças.

Um dos estudos mais populares sobre isso foi o realizado pela equipe liderada por Dan Buettner. A proposta inicial era fazer um documentário para a *National Geographic,* mas a expedição acabou evoluindo para a descoberta de cinco lugares no mundo onde as pessoas vivem além dos cem anos de idade. Essas regiões de centenários foram nomeadas de *Blue Zones* (Zonas Azuis) e forneceram dados interessantes sobre os segredos da longevidade.[1]

Apesar das limitações metodológicas do estudo, feito em 2004, dr. Buettner estava determinado a descobrir os aspectos específicos do estilo de vida e do meio ambiente que levavam à longevidade. Em parceria com a *National Geographic* e o National Institute on Aging, Buettner e sua equipe encontraram as cinco áreas geograficamente definidas e demograficamente confirmadas com a maior porcentagem de centenários do mundo.

---

[1] BUETTNER, Dan; SKEMP, Sam. Blue Zones: Lessons From the World's Longest Lived. **Am J Lifestyle Med**, 2016; 10(5):318-321. Published 2016 Jul 7. Doi: 10.1177/1559827616637066).

QUAIS SÃO OS SEGREDOS DOS POVOS MAIS FELIZES? ■

Loma Linda (Estados Unidos); Nicoya (Costa Rica); Sardenha (Itália); Ikaria (Grécia) e Okinawa (Japão). Essas cinco áreas foram localizadas usando dados epidemiológicos, estatísticas, certidões de nascimento e outras fontes de pesquisa. Nessas regiões, a chance de se chegar aos cem anos de idade é dez vezes maior do que a média das cidades norte-americanas.

Uma vez estabelecidas essas regiões, os coordenadores da pesquisa enviaram uma equipe de antropólogos, demógrafos, epidemiologistas, entre outros profissionais, para identificar as características do estilo de vida que poderiam explicar a ocorrência de tal longevidade e responder à pergunta: "Por que as pessoas destas regiões vivem mais?".

Então eles descobriram que os estilos de vida dos moradores das Zonas Azuis tinham nove características em comum, que foram nomeadas como *Power 9*. Vou falar um pouco sobre elas no restante deste livro, mas reafirmo que o estudo apresenta limitações metodológicas inerentes a esse tipo de observação.

Mas, enfim, quais seriam as características?

A primeira delas é se movimentar. As pessoas mais longevas do mundo não têm o hábito de malhar pesado ou correr maratonas. Em vez disso, elas vivem em ambientes que constantemente as empurram para se mover sem pensar nisso. Cultivam jardins e têm movimentos naturais inseridos em suas rotinas. Lembram os nossos amigos que moram na roça. É óbvio que todo exercício aumenta o bem-estar e a longevidade (falarei mais sobre isso), mas é interessante pensar que esses povos fazem exercícios naturais inseridos em uma vida comum.

O segundo ponto observado pela pesquisa é que nessas cidades as pessoas têm um elevado senso de propósito. Os okinawanos chamam de *ikigai*, e os nicoyans chamam de plano de vida; para ambos significa perguntar-se logo cedo: "Por que acordo de manhã?". Conhecer o seu senso de propósito pode aumentar em até sete anos a expectativa de vida. É interessante este ponto porque uma das grandes bênçãos do cristianismo é que somos chamados a ter o propósito sublime de glorificar Deus e fazê-lo conhecido. De certa forma, os estudos mostram que ter um propósito pode aumentar a nossa longevidade.

O terceiro ponto verificado no estudo foi chamado de redução de ritmo, ou melhor, fazer pausas durante o dia. O que as pessoas mais longevas do mundo têm que os outros não têm são rotinas para se livrar do estresse. Os okinawanos reservam alguns momentos todos os dias para se lembrarem

■ À PROCURA DA FELICIDADE

de seus ancestrais; os adventistas de Loma Linda oram; os ikarianos tiram uma soneca e os sardos fazem *happy hour*. Eu tenho alguns parentes adventistas e me impressiona a disciplina que eles têm com a alimentação e o descanso. Deveríamos aprender mais com eles.

O quarto ponto foi a regra dos 80%. Os japoneses de Okinawa são ensinados há mais de 2.500 anos que devem parar de comer quando seus estômagos estiverem 80% cheios. A diferença de 20% entre não estar com fome e sentir-se cheio pode ser a diferença entre perder peso ou ganhá-lo.

Peço a todos que não leiam esta parte do livro com preconceitos religiosos. Acredito nas verdades bíblicas como nossa fonte primária de sabedoria. Entretanto, não podemos ignorar a sabedoria dos povos, desenvolvida ao longo de anos, que os fez ter uma melhora na qualidade de vida. As pessoas nas Zonas Azuis comem sua menor refeição no final da tarde ou no início da noite. Comer menos é um dos segredos da longevidade.

> *O que as pessoas mais longevas do mundo têm que os outros não têm são rotinas para se livrar do estresse.*

A quinta característica incluiu os hábitos alimentares. Aquelas pessoas comem muitas plantas e vegetais. Feijões, soja e lentilhas etc. são a base da maioria das dietas centenárias. E, para minha tristeza, elas comem pouca carne (não que haja problema em comer carne com moderação).

A sexta característica é o uso de álcool com moderação. As pessoas em todas as Zonas Azuis (exceto os adventistas de Loma Linda) bebem álcool de forma moderada e regular (não bebem muito). O segredo, segundo a pesquisa, foi beber de um a dois copos de vinho por dia (de preferência vinho *Cannonau*, da Sardenha), com amigos e/ou durante as refeições. Se você é cristão e já teve problemas com o álcool, você não deve beber, tampouco se tiver histórico familiar de alcoolismo. Entretanto, neste capítulo, quero me deter menos em questões primariamente religiosas e focar mais em discussões sobre saúde.

A sétima característica foi o pertencimento. Note que interessante: 98% dos centenários entrevistados pertenciam a alguma comunidade religiosa, independentemente da fé professada. Todos, menos cinco dos 263 centenários entrevistados, pertenciam a alguma comunidade religiosa. Pesquisas mostram que frequentar encontros religiosos quatro vezes por mês adicionará de 4 a 14 anos na expectativa de vida. É curioso que uma das marcas de nossa

QUAIS SÃO OS SEGREDOS DOS POVOS MAIS FELIZES? ■

espiritualidade hoje é o faça você mesmo, e que não precisamos de uma igreja para congregar. Até a ciência moderna diz que o discurso do *coach* cristão, de construir seu destino sozinho, é uma canoa furada.

A oitava característica é valorizar a família. Centenários nas Zonas Azuis colocam suas famílias em primeiro lugar. Isso significa manter os pais e os avós idosos por perto. Além disso, possuem relacionamentos estáveis, se comprometendo com um parceiro de vida (o que pode somar até 3 anos à expectativa de vida). Eles também investem em seus filhos com tempo e amor. Fato também observado é que esses filhos estarão mais propensos a cuidar de pais idosos quando necessário.

Por fim, as pessoas mais longevas do mundo escolheram – ou nasceram em – círculos sociais que apoiavam comportamentos saudáveis. Ou seja, elas viviam em uma cultura que fomentava bons hábitos de vida e saúde.

Podemos perceber com esse estudo das *Blue Zones* que nossos hábitos são os grandes determinantes de nossa saúde e longevidade.

> *Comer menos é um dos segredos da longevidade.*

Eu citei no início do livro que a genética é algo muito importante quando falamos de saúde, principalmente saúde mental. Entretanto, em 1995, um estudo dinamarquês, considerado até hoje um dos mais completos sobre o assunto, analisou longevidade de 2872 pares de gêmeos.[2] Estudar a evolução da saúde em gêmeos com o mesmo material genético é algo muito utilizado na medicina. Se eles compartilham o mesmo DNA, as diferenças de saúde ao longo da vida ocorrerão pelos hábitos que adotarem, não pela carga genética inata.

Esse estudo trouxe uma informação surpreendente: apenas cerca de 20% do quanto uma pessoa vai viver é determinado por nossos genes, enquanto os outros 80% são ditados por nosso estilo de vida. Logo, se tivermos um estilo de vida com disciplinas físicas e emocionais que nos proporcionam saúde, poderemos prevenir inúmeras doenças, ter uma melhor vitalidade ao envelhecer e viver mais.

---

[2] HERSKIND, A. M.; MCGUE, M.; HOLM, N. V.; SORENSEN, T. I. A.; HARVLAD, B.; VAUPEL, J. W. The heritability of human longevity: a population-based study of 2872 Danish twin pairs born 1870-1900. **Hum Genet**. 1996; 96:319-323.

■ À PROCURA DA FELICIDADE

A grande questão é que vivemos como exposto, na sociedade do cansaço e do esgotamento. Somos incentivados a nunca parar e a estar sempre fazendo tarefas em nosso dia a dia, tarefas que nos são impostas pela sociedade do *burnout*. A maioria dos pacientes psiquiátricos que nos procuram semanalmente para atendimentos não estariam se tratando, ou teriam alta mais precocemente, se adotassem disciplinas corretas que reduzissem os danos do estresse na saúde física e mental.

Nos capítulos anteriores, falei bastante sobre como uma espiritualidade tóxica e como o evangelho da autoajuda podem nos adoecer. E, quando falamos de cuidar do corpo e da mente, o mesmo conceito que mencionei sobre a espiritualidade é novamente oportuno: só existem resultados de longo prazo construídos com disciplinas comuns e presentes em nossa vida ordinária. Assim, falarei agora um pouco mais sobre estes pontos.

COMPREENDA COMO O ESTRESSE NOS INFLAMA E ADOECE

VIMOS COMO o estresse pode ser algo bom ou ruim. De fato, o estresse de curto prazo aumenta a nossa produtividade e nos torna mais focados em nossos objetivos e metas. Entretanto, todo estresse de longo prazo vai, com o tempo, reduzir a nossa produtividade, aumentar a ansiedade e abrir espaço para diversas doenças.

■ À PROCURA DA FELICIDADE

Quando consideramos que a maior parte dos transtornos mentais hoje não se deve à genética, mas ao estresse, temos de refletir sobre o nosso estilo de vida para termos uma melhor longevidade e maior produtividade.

Vou dar um exemplo prático. No gráfico a seguir vemos que, à medida que o estresse avança, temos o nosso desempenho aumentado até determinado ponto. Entretanto, com o aumento do estresse, o nosso desempenho começa a decair (chamamos de ponto de desintegração). Hoje, essa é a maior causa de transtornos como transtorno de pânico e ansiedade generalizada e depressão.

Relação entre estresse x *performance* x ansiedade

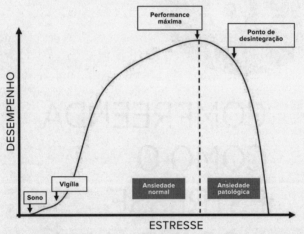

Gráfico 1: Relação entre estresse x *performance* x ansiedade, Editora Vida, 2022.

Mas como isso ocorre fisiologicamente? Vimos anteriormente que o estresse é iniciado no cérebro, mas libera uma grande cascata química que influencia todo o nosso corpo. Quando estamos sob estresse persistente, os níveis de cortisol e insulina começam a aumentar de maneira significativa. A ativação do nosso eixo hipotálamo-hipófise-adrenal fica em níveis muitos elevados durante o estresse crônico, fazendo que nossas glândulas suprarrenais produzam mais cortisol e que outras regiões do corpo liberem substâncias anti-inflamatórias para nos defender.

Nosso organismo foi programado para reagir, mas muitas vezes a ativação crônica de nossas defesas pode se voltar contra nós e provocar doenças. O excesso de cortisol e de insulina no longo prazo é acompanhado da

COMPREENDA COMO O ESTRESSE NOS INFLAMA E ADOECE ∎

liberação de outras substâncias que são extremamente pró-inflamatórias. Em outras palavras, o estresse crônico começa a inflamar o nosso corpo sem que percebamos.

Aqui é importante sabermos outra diferenciação, que é entre a inflamação benéfica e a inflamação maléfica. A inflamação considerada normal é uma reação de defesa do organismo, pois foi feita por Deus para eliminar patógenos (agentes agressores) do corpo ou nos defender de agressões que sofremos. Ela também é um mecanismo de reparo, pois estimula os processos de recuperação, cicatrização etc.

Em situações normais, essa inflamação é benéfica, pois limita a agressão e nos permite recuperar as funções do organismo de maneira rápida e suficiente. Isso ocorre graças à participação de mediadores anti-inflamatórios (substâncias produzidas pelo nosso corpo para nos defender), bem como de células especializadas (como os leucócitos, glóbulos brancos), que atuam na manutenção da estabilidade imunológica.

Entretanto, a inflamação mais presente em nosso dia a dia é a inflamação crônica de baixo grau. Esta não nos causa sintomas como febre, tosse ou sinais evidentes de que estamos doentes. O estresse crônico (que ocasiona inflamação crônica) costuma caracterizar-se por períodos de insônia, cansaço excessivo, desmotivação, irritabilidade, emotividade e alterações físicas, como dores pelo corpo, lesões de pele e perda de cabelo; em mulheres, pode provocar uma desregulação do ciclo menstrual ou até sua suspensão.

O estresse crônico costuma caracterizar-se por períodos de insônia, cansaço excessivo, desmotivação, irritabilidade, emotividade e alterações físicas, como dores pelo corpo, lesões de pele e perda de cabelo; em mulheres, pode provocar uma desregulação do ciclo menstrual ou até sua suspensão.

Uma inflamação se torna crônica quando há persistência do agente causador em doenças autoimunes ou quando o paciente está vivendo um processo de estresse psicológico (e obviamente biológico muito prolongado). Nesse caso, ela pode demorar para dar sinais, persistindo por meses ou anos.

É comum pacientes me procurarem com problemas como depressão e ansiedade, cuja origem deles ocorreu por processos de estresse que duraram

■ À PROCURA DA FELICIDADE

pelo menos três anos. Em geral, essas pessoas não possuem genética para transtornos mentais, mas a vida na sociedade do cansaço ocasionou uma verdadeira bomba de estresse no seu organismo que, ao longo do tempo, se tornou o gatilho para o adoecimento.

O estresse crônico favorece o aparecimento de inflamações crônicas que, por sua vez, colaboram com o surgimento de doenças como depressão, hipertensão, diabetes, câncer, Alzheimer, esclerose múltipla, osteoartrite, artrite reumatoide, lúpus eritematoso sistêmico, psoríase, asma etc.

Na depressão, por exemplo, sabemos que os níveis persistentes de cortisol elevado inibem a produção de um dos mais importantes fertilizantes cerebrais: o BDNF (fator neurotrófico derivado do cérebro). Quanto menos BDNF produzimos, mais morte de neurônios temos, e isso explica por que muitos pacientes com depressão crônica associada ao estresse apresentam dificuldades de memória, concentração etc.

Além disso, o excesso de cortisol e insulina nos proporcionará mais fome. Muitas pessoas apresentam dificuldades imensas para perder peso devido ao estresse persistente em suas vidas. Em geral, mesmo com uso de medicamentos para emagrecer, não conseguem resultados satisfatórios.

O excesso de cortisol também causa problemas como diminuição da produção de serotonina, diminuição da memória, aumento da vontade de comer doces, maior predisposição a infecções (lembremos que cortisol em excesso desregula o sistema imunológico), aumenta a pressão arterial e ocasiona sintomas dolorosos no corpo sem causa aparente. Em outras palavras, o estresse crônico inflama progressivamente seu corpo e essa inflamação crônica de baixo grau é, hoje, a maior responsável pelas doenças cardiovasculares, neuropsiquiátricas e pela obesidade.

Entretanto, não é apenas o cortisol e a insulina que são liberados em nosso organismo durante uma inflamação crônica provocada pelo estresse. Várias substâncias inflamatórias (que em quantidades normais podem ser benéficas) passam a ser liberadas de maneira excessiva em nosso sangue, fazendo que fiquemos mais inflamados e que nosso corpo passe a atacar de maneira disfuncional nossas próprias células. Dentre essas substâncias podemos citar as interleucinas e o Fator de Necrose Tumoral (TNF), que em quantidades excessivas promove um processo lento de morte de células em nosso organismo.

COMPREENDA COMO O ESTRESSE NOS INFLAMA E ADOECE ■

Vários estudos vêm dizendo que a inflamação crônica pode acelerar a atrofia de nosso centro de memória do cérebro (hipocampo), aumentando o risco de termos demências (como Alzheimer) no futuro.[1]

Uma revisão da literatura médica sobre o assunto, feita em 2019, evidenciou que o cortisol elevado estava associado a um pior funcionamento cognitivo global, menor capacidade de tomar decisões, piora da memória recente etc. O estudo apontou claramente a associação entre cortisol elevado e risco aumentado de demência no futuro.[2]

Outro ponto que precisamos compreender é que a própria obesidade também é um estado inflamatório crônico persistente e muitas vezes oculto. Podemos dizer que todo paciente com obesidade significativa é inflamado. O estresse aumenta a inflamação que, por consequência, aumenta o risco de obesidade (quanto mais insulina temos, mais obesos ficamos). Entretanto, a própria obesidade aumenta essa inflamação, fazendo que o paciente obeso entre em um ciclo vicioso altamente destrutivo.

Muitos marcadores inflamatórios já são solicitados por nós, médicos, na prática clínica, a fim de termos ciência de se o paciente está inflamado ou não. Isso é importante porque já sabemos, por exemplo, que pacientes inflamados cronicamente possuem uma menor resposta a tratamentos psiquiátricos. Em geral, pessoas inflamadas cronicamente apresentam maiores níveis de proteína C reativa no sangue, VHS (velocidade de hemossedimentação), ferritina, fibrinogênio, dentre outras que não cabem aqui uma explicação mais detalhada.

Pacientes obesos apresentam maior concentração destes marcadores inflamatórios no sangue, aumentando a chance de terem doenças cardiovasculares, demências e até depressão.[3] Dessa forma, a inflamação (estresse crônico)

---

[1] BLASKO, I.; STAMPFER-KOUNTCHEV, M.; ROBATSCHER, P.; VEERHUIS, R.; EIKELEN-BOOM, P.; GRUBECK-LOEBENSTEIN, B. How chronic inflammation can affect the brain and support the development of Alzheimer's disease in old age: the role of microglia and astrocytes. **Aging Cell**. 2004 Aug;3(4):169-76. doi: 10.1111/j.1474-9728.2004.00101.x. PMID: 15268750.

[2] OUANES, S.; POPP, J. High Cortisol and the Risk of Dementia and Alzheimer's Disease: A Review of the Literature. **Frontiers in Aging Neuroscience**. 2019 Mar 1;11:43. doi: 10.3389/fnagi.2019.00043. PMID: 30881301; PMCID: PMC6405479.

[3] COX, A. J.; WEST, N. P.; CRIPPS, A. W. Obesity, inflammation, and the gut microbiota. **Lancet Diabetes Endocrinology**. 2015 Mar;3(3):207-15. doi: 10.1016/S2213-8587(14)70134-2. Epub 2014 Jul 22. PMID: 25066177.

■ À PROCURA DA FELICIDADE

pode aumentar a chance de termos obesidade, mas a obesidade por si só também aumenta a inflamação.

Assim, devemos perceber que nosso corpo é todo integrado e que o estresse crônico e persistente é uma bomba-relógio que certamente nos cobrará um preço no futuro.

Capítulo 17

ESTRESSE E ENVELHECI-MENTO

UMA DAS maiores descobertas da Medicina nos últimos anos foi feita em 2009 por três pesquisadores americanos, levando-os os ganhar o Prêmio Nobel de Medicina. O grupo, liderado pelas pesquisadoras Elizabeth BlackBurn e Elissa Epel, descobriu informações importantes sobre como e por que envelhecemos e a relação entre estresse e envelhecimento.

Em suas pesquisas, descobriram que quanto mais estresse temos ao longo da vida, mais precocemente

■ À PROCURA DA FELICIDADE

envelhecemos. Elas descobriram evidências de que o estresse psicológico – tanto o estresse percebido quanto a cronicidade do estresse – está significativamente associado ao maior estresse oxidativo no organismo, menor atividade da telomerase (uma enzima que protege do envelhecimento) e menor comprimento dos telômeros, que são determinantes conhecidos da senescência e longevidade (falarei sobre isso adiante). Os dados da pesquisa evidenciaram que mulheres (a população do estudo) com os níveis mais altos de estresse têm telômeros mais curtos, em média, equivalente a pelo menos uma década de envelhecimento adicional em comparação com mulheres com baixo nível de estresse. Ou seja: os pesquisadores que ganharam o Nobel de Medicina provaram que estresse envelhece.

Os dados da pesquisa evidenciaram que mulheres com os níveis mais altos de estresse têm telômeros mais curtos, em média, equivalente a pelo menos uma década de envelhecimento adicional em comparação com mulheres com baixo nível de estresse.

Esses dados têm implicações para a compreensão de como, no nível celular, o estresse pode promover o aparecimento precoce de doenças relacionadas à idade e ser a razão pela qual muitas vezes a nossa idade biológica pode ser menor ou maior que a nossa idade cronológica.[1]

Estas descobertas começaram a trazer respostas para perguntas que constantemente fazemos, tais como "Por que algumas pessoas envelhecem mais?", "Por que algumas chegam à terceira idade com uma memória melhor, mais energia e mais disposição?" e "Por que muitos aparentam ser mais jovens do que são?". Obviamente, a genética explica parte desse processo, mas, como dito, ela é responsável por apenas 20% dessa equação.

Para entendermos isso melhor, precisamos compreender o que são telômeros e o que é a enzima telomerase. Os telômeros (do grego *telos,* final, e *meros,* parte) são estruturas constituídas por fileiras repetitivas de DNA que formam as extremidades dos nossos cromossomos — os componentes

---

[1] EPEL, E. S.; BLACKBURN, E. H.; LIN, J.; DHABHAR, F. S.; ADLER, N. E.; MORROW, J. D.; CAWTHON, R. M. Accelerated telomere shortening in response to life stress. **Proc Natl Acad Sci U S A.** 2004 Dec 7;101(49):17312-5.

ESTRESSE E ENVELHECIMENTO ■

do núcleo da célula responsáveis pela transmissão das características hereditárias. Ou seja, nossos cromossomos contêm todo o nosso DNA.

A principal função dos telômeros é manter a integridade estrutural do cromossomo. Os pesquisadores acreditam que o envelhecimento celular está relacionado a essas estruturas. Durante a divisão celular, os cromossomos são duplicados, de forma que as células-filhas recebem uma herança genética idêntica à da célula-mãe. Mas, a cada duplicação, os cromossomos perdem uma parte de seus telômeros, até que estes chegam a um tamanho crítico, a partir do qual a célula para de se dividir. É o encurtamento dessas estruturas (os telômeros) que provoca o envelhecimento das células e, consequentemente, isso é responsável pelo envelhecimento e pela morte celular. Esse processo acontece diariamente em nosso organismo.

Cada vez que uma célula se divide, os telômeros são encurtados. Como estes não se regeneram, chega a um ponto em que, de tão encurtados que são, não permitem mais a correta replicação dos cromossomos, e a célula perde completa ou parcialmente a sua capacidade de divisão.

Os telômeros são medidos por unidades de DNA chamadas de pares de bases e formam uma espécie de capa na ponta dos cromossomos, evitando que o material genético se desenrole. Quanto mais velhos ficamos, vamos perdendo pares de bases e nossos telômeros ficam mais curtos.

Em média, um recém-nascido possui 10 mil pares de bases de DNA em um telômero. Uma pessoa de 35 anos de idade possui 7.500 pares e um idoso de 65 anos de idade, 4.800 pares. Assim, quanto mais envelhecemos, mais curtas ficam as pontas dos cromossomos e isso é, como disse, um dos principais fatores relacionados ao envelhecimento e ao surgimento de diversas doenças.

Na figura a seguir podemos ver um cromossomo. A parte mais clara são os telômeros. Note como eles vão ficando mais curtos à medida que envelhecemos.

5 anos   20 anos   40 anos   65 anos

À PROCURA DA FELICIDADE

Obviamente, esse não é o único fator responsável pelo envelhecimento, mas o papel do encurtamento dos telômeros tem sido cada vez mais estudado como um dos principais fatores relacionados à senilidade. Como defesa desse fenômeno, existe a enzima telomerase, que funciona como protetora dos telômeros. O grupo de pesquisadores citados anteriormente descobriu que essa enzima era capaz de acrescentar pares de bases de DNA aos telômeros, fazendo que o envelhecimento das células pudesse ser atenuado. Dessa forma, eles fizeram uma descoberta que mudará radicalmente a maneira como veremos a medicina nos próximos anos.

A telomerase pode tonar o encurtamento dos telômeros mais lento ou até reverter o encurtamento deles. Assim, os telômeros podem ser reforçados pela telomerase e proporcionar às células um envelhecimento mais lento. Com quantidades maiores dessa enzima, os telômeros ficam mais estáveis e nossas células podem se dividir de maneira mais organizada e com maior qualidade.

Muitas pessoas podem estar se perguntando: por que não tomamos doses diárias de telomerase e bloqueamos o nosso envelhecimento? A resposta não é tão simples. Como a telomerase facilita a multiplicação celular, um excesso de telomerase pode fazer que nossas células se multipliquem de maneira caótica, o que causaria doenças como o câncer. Assim, se tomássemos telomerase de maneira artificial, poderíamos provocar em nosso corpo um elevado risco de incidência de doenças.

Mas a boa notícia é que os pesquisadores descobriram que determinados hábitos e comportamentos podem aumentar a telomerase natural do nosso corpo, sendo esta uma forma comprovadamente eficaz de termos um envelhecimento mais saudável e reduzirmos as chances de termos doenças crônicas. Em outras palavras, hábitos como alimentação, prática de exercícios, meditação etc., podem aumentar a quantidade de telomerase em nossas células e se tornarem estratégias de prevenção baseadas em disciplinas de longo prazo.

O mesmo princípio relacionado à vida espiritual se aplica aqui: só conseguiremos resultados com disciplina em prazos longos, com estilos de vida praticados de maneira organizada ao longo de anos ou décadas.

Entretanto, o ponto mais importante da pesquisa citada acima foi demonstrar que pessoas que possuíam um maior nível de estresse tinham, de fato, uma redução da telomerase e, assim, hoje podemos entender

ESTRESSE E ENVELHECIMENTO ■

melhor por que as pessoas que vivenciam estresse crônico e elevado envelhecem mais.

O leitor já percebeu como, muitas vezes, após um período de estresse significativo, nós envelhecemos mais rapidamente? Uma das respostas para isso está nos telômeros e na quantidade de telomerase.

Temos de compreender que um estilo de vida estressado e esgotante pode afetar as nossas funções celulares e trazer sobre nós um duro golpe no futuro, à medida que envelhecemos. Outro dado interessante é que muitos estudos têm demonstrado que nossos pensamentos e nossa espiritualidade podem aumentar a telomerase de maneira positiva e negativa.

A seguir, falarei um pouco sobre hábitos que podem reduzir o nosso estresse, aumentar nossa telomerase e nos proporcionar saúde.

Capítulo 18

EIXO CÉREBRO--INTESTINO

O intestino como segundo cérebro

O PRIMEIRO ponto que gostaria de abordar sobre como reduzir o estresse e o esgotamento é a relação entre a nossa alimentação e o estresse. De fato, existem diversas ocorrências de estresse que são inevitáveis em nossa rotina, mas a forma como nos alimentamos pode ser uma estratégia de aumento ou redução de inflamação em nosso organismo.

Em minha pesquisa de mestrado, estudei a relação entre o cérebro e o intestino. Dentro do sistema

■ À PROCURA DA FELICIDADE

digestivo humano, existe o que alguns pesquisadores chamam de segundo cérebro. O nosso intestino tem meio bilhão de neurônios e mais de 30 neurotransmissores (incluindo 50% de toda a dopamina e 90% da serotonina presentes no organismo). As novas pesquisas médicas revelam que os neurônios do intestino podem interferir em nosso cérebro e isso ocorre mesmo que você não perceba.

Existem conexões extremamente íntimas entre o cérebro e o intestino e elas fazem que alguns pesquisadores tenham plena convicção de que existe uma estrada chamada de eixo cérebro-intestino. Essa estrada é bidirecional: o intestino influencia o cérebro e vice-versa. Os órgãos são mais conectados e íntimos do que pensávamos.

O eixo cérebro-intestino vai além de fatores diretamente neuronais, mas se mostra como um complexo sistema que envolve a microbiota, as redes neuronais e inúmeros outros sinalizadores hormonais.

O entendimento dessas conexões é de fundamental importância para os estudos envolvendo estresse, intestino e distúrbios psiquiátricos, sendo possível, de antemão, demonstrar possíveis mecanismos associativos entre doenças psiquiátricas e o intestino (e vice-versa).

O nosso cérebro assegura a manutenção de uma série de funções fisiológicas essenciais para o correto funcionamento do sistema gastrointestinal, sendo também responsável pela interpretação de estímulos sensoriais que chegam do intestino. Ele também apresenta um papel importante na interpretação dos sinais de dor ascendentes (que sobem do intestino para o cérebro).

Os sinais ascendentes do intestino chegam ao tronco cerebral e ao tálamo (uma região no meio do cérebro, um distribuidor de informações), sendo que apenas ocasionalmente são percebidos conscientemente, ou seja, chegam ao córtex, e é por isso que esse eixo é meio imperceptível. Em alguns momentos, podemos percebê-lo, por exemplo, quando temos uma crise de ansiedade e ela nos provoca diarreia ou dores abdominais.

O papel regulador do cérebro sobre o intestino é bidirecional, fazendo que as informações enviadas por suas vias aferentes (ascendentes) ao cérebro pelos receptores intestinais possibilitem uma sintonia extremamente fina em termos de troca de informações neuro-hormonais entre os dois sistemas.

EIXO CÉREBRO-INTESTINO ■

O papel dos inúmeros neurotransmissores e peptídeos intestinais envolvidos nessa regulação tem sido bastante estudado — e é por isso que recentemente temos ouvido falar em bactérias intestinais, alergias alimentares, dieta da mente etc. Essa informação também é importante para compreendermos como o estresse crônico afeta as funções cerebrais e indiretamente causa danos intestinais.

O eixo cérebro-intestino vai além de fatores diretamente neuronais (feixes de neurônios que sobem do intestino para o cérebro), mas se mostra como um complexo sistema que envolve a microbiota (bactérias), as redes neuronais e inúmeros outros sinalizadores hormonais. A sensação de fome, por exemplo, é mediada por informações neuronais e por substâncias químicas enviadas do intestino para o cérebro. Não é à toa que bilhões de dólares são investidos anualmente para entender melhor essas substâncias e produzir medicamentos que no futuro possam enganar o cérebro humano.

Mudanças na microbiota podem proporcionar alterações nos níveis de outras importantes substâncias neuroativas.

Evidências recentes sugerem que uma alteração no padrão da microbiota do intestino (mudança no equilíbrio das bactérias) e sua resultante resposta imunológica podem modificar sinalizações no eixo cérebro-intestino de maneira significativa.

Logo, bactérias do intestino podem influenciar nossas funções cerebrais por meio da síntese de várias proteínas e alterações nervosas locais. No futuro, poderemos ingerir bactérias inteligentes que nos ajudem a tratar quadros emocionais e reduzir o estresse crônico. Parece loucura, mas isso já vem sendo estudado intensamente. O uso de probióticos é uma das tentativas de resolver desequilíbrios no nosso organismo por meio do uso de bactérias boas e que nos ajudem a colonizar o intestino de maneira eficaz, produzindo substâncias que, no futuro, serão desejadas pela medicina.

Mas onde está o segundo cérebro no intestino? Ele está localizado dentro da parede do trato digestivo, contendo milhares de gânglios e aproximadamente 500 milhões de neurônios. Ele possui capacidades autônomas e produz mais de trinta diferentes neurotransmissores.

As bactérias intestinais interagem continuamente com esse sistema nervoso e com as células da parede intestinal, formando um ambiente íntimo

■ À PROCURA DA FELICIDADE

e de grande influência mútua. A microbiota (conjunto de bactérias) intestinal e suas relações com o sistema nervoso apresentam um papel importante, tanto na regulação como na elevação dos níveis de serotonina intestinal e sérica, aumentando a sua síntese por meio de interferências nas células enterocromafins (produtoras de neurotransmissores) e outros mecanismos locais. Além disso, mudanças na microbiota podem proporcionar alterações nos níveis de outras importantes substâncias neuroativas (como óxido nítrico e substância P).

Alterações nesses neurotransmissores e sinalizadores neuronais estão envolvidas em doenças intestinais e modulações da percepção de dor por parte de alguns pacientes. É interessante salientar que esses neurotransmissores também estão envolvidos em transtornos psiquiátricos, como quadros de depressão, ansiedade, dor crônica etc.

Pelo exposto até aqui, não é difícil compreender a extensa relação entre eventuais distúrbios neuropsiquiátricos, estresse e alterações intestinais. O intestino e o cérebro têm sido cada vez mais estudados de maneira conjunta, buscando compreender mecanismos que possam contribuir para o entendimento e tratamento de comorbidades com mecanismos fisiopatológicos comuns. Ou seja, no futuro, trataremos melhor o intestino para que o nosso cérebro tenha mais saúde. Sua saúde começa pelo seu intestino.

Capítulo 19

COMO NOSSA ALIMENTAÇÃO AFETA O CÉREBRO

VIMOS ANTERIORMENTE que o intestino é um órgão neurológico e afeta profundamente o nosso cérebro. Assim, vários fatores que alteram a saúde intestinal e o estresse do funcionamento do mesmo podem repercutir em nossa saúde a médio prazo. A nossa boa saúde começa com aquilo que comemos. Em outras palavras: "Diga-me o que tu comes e eu te direi quem és!".

■ À PROCURA DA FELICIDADE

Assim, alergias alimentares não tratadas, uso excessivo de antibióticos, alimentos industrializados, infecções intestinais, fatores genéticos e outros podem afetar a longo prazo a sua saúde e provocar inúmeras doenças.

Alguns autores defendem a tese de que a proliferação bacteriana anômala ocasiona desequilíbrios na microbiota intestinal (disbiose), que determinam alteração no padrão da microbiota, com consequentes anormalidades fisiológicas locais que parecem contribuir para o surgimento de doenças. A colonização bacteriana do nosso intestino começa no parto e na amamentação, uma vez que já colonizamos o nosso intestino com bactérias maternas desde esse período. É por isso que crianças que não são amamentadas com leite materno apresentam maior risco de alterações intestinais no futuro.

Pesquisas recentes evidenciam alterações quantitativas (supercrescimento bacteriano) e qualitativas (como diminuição de espécies de *lactobacillus* e outras bactérias benéficas) da microbiota intestinal e a predisposição a várias enfermidades. Essas bactérias exercem um efeito protetor em nosso intestino e, quando as matamos, ficamos com o nosso organismo extremamente vulnerável.

A parede intestinal exerce um efeito de filtro em tudo o que comemos e, ao ocorrer desequilíbrios bacterianos, esse filtro pode não estar funcionando de maneira adequada. O nosso intestino fica mais poroso, com aumento do espaço entre as células intestinais, e isso faz que substâncias que normalmente não atingiriam a nossa corrente sanguínea passem a circular livremente por nosso organismo.

Mas qual é o problema disso tudo? Vários. Nosso corpo, ao ser intoxicado com essas substâncias (não filtradas pelo intestino), passa a considerá-las como corpos estranhos, ativando o sistema imunológico para combatê-las. Este *boom* imunológico faz que várias substâncias inflamatórias sejam despejadas em nossa corrente sanguínea, e elas provocam efeitos indesejados em todo o nosso organismo. Literalmente, ficamos com o intestino inflamado e como resposta ele inflama todo o nosso corpo.

Existem pesquisas médicas que associam disfunções no intestino a diversas doenças autoimunes. Para termos uma ideia de como isso é comum, hoje temos ciência de que substâncias como cigarro, álcool, agrotóxicos, metais pesados (muito comuns na dieta), antibióticos, anti-inflamatórios, infecções e até o estresse podem afetar a colonização bacteriana. Todos esses mecanismos e substâncias podem alterar as bactérias intestinais ou inflamar diretamente

COMO NOSSA ALIMENTAÇÃO AFETA O CÉREBRO ■

o intestino, aumentando a sua permeabilidade. Assim, ficamos com a nossa primeira barreira extremamente desprotegida e, aos poucos, vamos nos intoxicando e adoecendo.

O estresse crônico tem uma relação muito importante com o processo citado. O excesso de hormônios de estresse (cortisol, adrenalina etc.) parece desequilibrar a flora intestinal e causar alterações inflamatórias na parede intestinal. Assim, nosso intestino vai ficando mais poroso e permeável à medida que ficamos estressados, e isso aumenta a possibilidade de inflamarmos o cérebro e formarmos um ciclo vicioso de adoecimento.

Mais uma vez, podemos perceber que viver na sociedade do cansaço e do esgotamento nos adoece e inflama o nosso organismo. O efeito do estresse inflama o intestino, e ele, ao não filtrar bem o que comemos, nos faz mais inflamados. Novamente, entramos em uma roda de adoecimento que precisa ser rompida o quanto antes mediante a redução do estresse em nossas rotinas e por meio de hábitos alimentares saudáveis.

O efeito do estresse inflama o intestino, e ele, ao não filtrar bem o que comemos, nos faz mais inflamados.

O uso exagerado de medicamentos causa um efeito muito parecido. Todas as vezes que você usa um antibiótico, saiba que ele não será seletivo ao combater a infecção-alvo que você pretende, mas agirá no seu corpo como um todo. Assim, as bactérias saudáveis do seu intestino também serão atacadas e isso poderá trazer problemas importantes a longo prazo.

Essas alterações de inflamação e estresse do intestino podem ser mais intensas em pessoas com alergias alimentares não tratadas. Constatamos facilmente na prática clínica que pacientes com alergias a glúten, lactose etc., quando submetidos a dietas restritivas, melhoram o estado emocional, o humor e até mesmo a ansiedade.

Pacientes com alergia alimentar crônica têm a parede intestinal mais inflamada e isso aumenta a permeabilidade da mesma. Como dito anteriormente, essa inflamação pode ocasionar uma alteração da imunidade corporal e contribuir para a ocorrência de doenças autoimunes, alergias pelo corpo e prejudicar a saúde cerebral. Em alguns casos, verificamos pacientes que não possuem uma alergia alimentar específica, mas beneficiam-se muito de dietas com restrição de carboidratos processados, açúcar e alimentos industrializados.

■ À PROCURA DA FELICIDADE

Não podemos deixar de falar dos mecanismos genéticos do estresse intestinal. Algumas pessoas parecem ter uma genética mais inclinada a desenvolver essa inflamação com mutações em genes relacionados à serotonina e à ação inflamatória natural do nosso corpo (mutações de genes da resposta à interleucina e fator de necrose tumoral, dentre outras substâncias). É por isso que existem famílias inteiras com predisposições a doenças intestinais e isso deve fazer que uma investigação maior seja feita nestes indivíduos, buscando uma saúde intestinal mais rígida e equilibrada.

Capítulo 20

ALIMENTAÇÃO E PREVENÇÃO DO ENVELHECIMENTO

EXPLIQUEI ANTERIORMENTE que, quanto mais telomerase tivermos, mais longos serão nossos telômeros. Dessa forma, se adotarmos uma dieta alimentar melhor, poderemos ter o estresse inflamatório reduzido e aumentar a nossa saúde e longevidade.

Lembram de quando falei das Zonas Azuis? Uma das características comuns dos povos que vivem muito é comer pouco. Vários estudos têm comprovado isso.

Para estudarmos o efeito das dietas restritivas na saúde e no aumento da telomerase, os pesquisadores utilizam

■ À PROCURA DA FELICIDADE

animais para melhor compreensão dos efeitos sobre o seu corpo. Assim, muitos estudos utilizam macacos ou ratos para verificar qual a relação entre dieta, envelhecimento e aumento da telomerase.

Uma dieta com restrição de calorias, mas sem causar desnutrição, pode retardar o aparecimento de câncer e doenças relacionadas à idade em várias espécies, incluindo ratos, macacos e humanos. Além disso, dependendo de fatores genéticos, a simples restrição calórica pode aumentar a longevidade dos animais. Dietas com menos calorias proporcionaram maiores comprimentos dos telômeros em células sanguíneas de camundongos. Esses dados demonstram que este tipo de dieta atenua a erosão dos telômeros associada ao envelhecimento e aumenta a produção de telomerase.

A restrição calórica em vários organismos, incluindo humanos, retarda o desenvolvimento de algumas doenças relacionadas à idade, como câncer, aterosclerose, diabetes, doenças neurodegenerativas e respiratórias, entre outras, aumentando o tempo que vivemos sem adoecer.

A restrição calórica em vários organismos, incluindo humanos, retarda o desenvolvimento de algumas doenças relacionadas à idade, como câncer, aterosclerose, diabetes, doenças neurodegenerativas e respiratórias, entre outras, aumentando o tempo que vivemos sem adoecer.

No nível metabólico, as dietas com restrições de calorias resultam em melhora da sensibilidade à insulina e consequente diminuição da glicemia de jejum, protegendo-nos da síndrome metabólica e do diabetes.

Algumas pesquisas já confirmam que, quanto menos comemos, mais vivemos. Comer menos promove uma proteção significativa em nosso DNA pela redução do metabolismo e a proteção do nosso código genético frente a determinadas toxicidades.[1]

Em 2013, uma importante pesquisa foi realizada por cientistas espanhóis, em que se provou por meio de exames de sangue e do comprimento

---

[1] KOUBOVA, J.; GUARENTE, L. How does calorie restriction work? **Genes Development.** 2003 Feb 1; 17(3): 313–321.

ALIMENTAÇÃO E PREVENÇÃO DO ENVELHECIMENTO ■

dos telômeros que ratos que eram submetidos a dietas restritivas viviam mais e tinham maior quantidade de telomerase.[2]

Outro dado que reforça isso são os inúmeros estudos mostrando que pessoas que têm o hábito de jejuar reduzem a inflamação sanguínea e aumentam a produção de telomerase. Estratégias como jejum intermitente (que acabam por proporcionar uma dieta mais restritiva), parecem estar realmente ligadas à redução de marcadores inflamatórios, aumento da telomerase e longevidade.[3]

Como eu disse, telômeros curtos e disfuncionais são o ponto de partida para o envelhecimento e a morte celular. Entretanto, existe outro ponto importante quando falamos da saúde do nosso DNA. Quanto mais comemos, mais o nosso organismo produz radicais livres devido ao estresse oxidativo do corpo em processar a nossa alimentação.

Radicais livres são substâncias liberadas em nosso corpo que podem nos agredir e ocasionar o envelhecimento precoce e a morte celular. Eles causam danos nas membranas de nossas células e diretamente em nosso material genético e isso está relacionado ao desenvolvimento de inúmeras doenças.

Quanto menos comemos, menos radicais livres produzimos e pesquisas vem reforçando a tese de que isso gera telômeros mais longos.[4]

Assim, uma das primeiras disciplinas capazes de reduzir o nosso estresse fisiológico, reduzir a inflamação e melhorar a nossa longevidade é comer menos. Não é o objetivo deste livro fazer uma análise minuciosa sobre este tema tão fascinante, mas é necessário saber como podemos nos avaliar e, com a ajuda de um profissional capacitado, traçar uma rota rumo às estratégias alimentares que nos façam comer menos.

---

[2] VERA, E.; BERNARDES DE JESUS, B.; FORONDA, M.; FLORES, J. M.; BLASCO, M. A. (2013) Telomerase Reverse Transcriptase Synergizes with Calorie Restriction to Increase Health Span and Extend Mouse Longevity. **PLOS ONE** 8(1): e53760. Disponível em: <https://doi.org/10.1371/journal.pone.0053760>.

[3] GONZÁLEZ-ESTÉVEZ, C.; FLORES, I. Fasting for stem cell rejuvenation. **Aging** (Albany NY). 2020;12(5):4048-4049.

HIMBERT, C.; THOMPSON, H.; ULRICH, C. M. Effects of Intentional Weight Loss on Markers of Oxidative Stress, DNA Repair and Telomere Length - a Systematic Review. **Obes Facts**. 2017;10(6):648-665. doi:10.1159/000479972.

[4] VIDACEK, N. Š.; NANIC, L.; RAVLIC, S.; SOPTA, M.; GERIC, M.; GAJSKI, G.; GARAJ-VRHOVAC, V.; RUBELJ, I. Telomeres, Nutrition, and Longevity: Can We Really Navigate Our Aging? **J Gerontol A Biol Sci Med Sci**. 2017 Dec 12;73(1):39-47. doi: 10.1093/gerona/glx082. PMID: 28510637.

■ À PROCURA DA FELICIDADE

Gostaria de gastar um tempo mais sobre o jejum. Para nós, cristãos, o jejum é uma disciplina espiritual de grande importância. Mas ele vai muito além disso, como veremos.

Capítulo 21

JEJUM ESPIRITUAL E JEJUM INTERMITENTE

LEMBRO-ME DE uma das frases que o pastor Márcio Valadão, da Igreja Batista da Lagoinha, constantemente repetia em suas pregações sobre jejum. A frase era: "O jejum não muda o coração de Deus, mas muda o nosso coração".

De fato, o jejum é ainda uma disciplina espiritual mal compreendida; entretanto, nas Escrituras, Deus nunca reprimiu o hábito de jejuar. O jejum só foi alvo de

■ À PROCURA DA FELICIDADE

retaliações por parte de Deus quando o mesmo não foi acompanhado de atitudes interiores, de um coração que não honrava o seu Santo Nome:

> *"Por que jejuamos", dizem, "e não o viste? Por que nos humilhamos, e não reparaste?" Contudo, no dia do seu jejum vocês fazem o que é do agrado de vocês, e exploram os seus empregados. Seu jejum termina em discussão e rixa, e em brigas de socos brutais. Vocês não podem jejuar como fazem hoje e esperar que a sua voz seja ouvida no alto. Será esse o jejum que escolhi, que apenas um dia o homem se humilhe, incline a cabeça como o junco e se deite sobre pano de saco e cinzas? É isso que vocês chamam jejum, um dia aceitável ao Senhor? (Isaías 58.3-5)*

Da mesma forma, Jesus, no Evangelho de Mateus, nos diz claramente a maneira correta de jejuarmos:

> *Quando jejuarem, não mostrem uma aparência triste como os hipócritas, pois eles mudam a aparência do rosto a fim de que os homens vejam que eles estão jejuando. Eu lhes digo verdadeiramente que eles já receberam sua plena recompensa. Ao jejuar, ponha óleo sobre a cabeça e lave o rosto, para que não pareça aos outros que você está jejuando, mas apenas a seu Pai, que vê no secreto. E seu Pai, que vê no secreto, o recompensará. (Mateus 6.16-18)*

Jejuar é abster-se de alimentos e às vezes também de líquidos. O jejum nos humilha e confirma a nossa total dependência de Deus. Ele mortifica a nossa carne para nos voltarmos, durante algumas horas ou dias, de maneira mais intensa para a nossa vida espiritual. Dallas Willard, em seu maravilhoso livro *O espírito das disciplinas,* nos traz uma verdade profunda sobre o jejum:

> *O jejum confirma nossa total dependência de Deus ao encontrarmos no Senhor uma fonte de sustento além do alimento. Assim, aprendemos, pela experiência, que a Palavra de Deus para nós é uma substância vital. Aprendemos que a vida nos é dada não só pela comida ("pão"), mas também pelas palavras que procedem da boca de Deus (Mt 4.4). Aprendemos*

JEJUM ESPIRITUAL E JEJUM INTERMITENTE ■

> *que também temos uma comida para comer que o mundo não conhece (Jo 4.32,34). Portanto, jejuar ao Senhor é também festejar a pessoa de Deus e a sua vontade [...] O jejum ensina a temperança ou o autocontrole e, portanto, ensina moderação e abstenção em relação a todos os nossos impulsos básicos. Desde que o alimento tem grande influência em nossa vida, os efeitos do jejum se difundirão por toda a nossa personalidade. No meio de todas as nossas necessidades e desejos, experimentamos o contentamento de uma criança recém-amamentada por sua mãe (Sl 131.2). E, de fato, "a piedade com contentamento é grande fonte de lucro" (1Tm 6.6). O jejum, porém, é uma disciplina difícil de praticar sem consumir toda a nossa atenção. Mesmo quando jejuamos como parte da oração ou do serviço, não podemos permitir que isso concentre e esgote a nossa atenção: Quando uma pessoa escolhe jejuar como uma disciplina espiritual, deve praticá-lo bem o bastante para se tornar experiente, porque somente a pessoa que é habituada ao jejum sistemático como disciplina pode usá-lo efetivamente no serviço direto a Deus, em tempos especiais de oração ou outras atividades.*[1]

Assim, o jejum é uma disciplina muito importante para o cristão, mas deve ser sempre acompanhada de outras disciplinas, como a humilhação e a oração.

Um questionamento que muitas vezes recebo é sobre a prática de associar o jejum espiritual ao jejum intermitente. De antemão, gostaria de afirmar que não vejo problema algum fazer o jejum com duas finalidades simultaneamente: a mortificação da carne e os benefícios fisiológicos. O Senhor vê a sinceridade do nosso coração.

Eu disse que o jejum aumenta a longevidade, mas gostaria de falar um pouco mais sobre jejum intermitente. Em 2016, o cientista japonês Yoshinori Ohsumi ganhou o Prêmio Nobel de Medicina por elucidar o que nós chamamos de autofagia.[2]

Na década de 1990, ele descobriu a peça-chave nas células responsáveis pelo descarte dos resíduos: o autofagosoma. Ohsumi também descobriu que a autofagia pode prevenir doenças porque ela elimina restos de patógenos e de proteínas não mais necessárias ou malformadas. Em outras palavras,

---

[1] WILLARD, Dallas. **O espírito das disciplinas.** Rio de Janeiro: Habacuc, 2003.

[2] RUBINSZTEIN, D. C.; FRAKE, R. A. Yoshinori Ohsumi's Nobel Prize for mechanisms of autophagy: from basic yeast biology to therapeutic potential. **J R Coll Physicians Edinb.** 2016 Dec;46(4):228-233. doi: 10.4997/jrcpe.2016.403. PMID: 28504774.

■ À PROCURA DA FELICIDADE

a autofagia é um processo de autolimpeza do nosso corpo. O jejum, portanto, é uma maneira de fazer *detox* fisiológico e, para nós cristãos, também um *detox* espiritual.

A autofagia é um processo que ocorre naturalmente dentro de nossas células. Nela, componentes celulares antigos e não mais necessários, como proteínas e lipídios, são degradados e reciclados para a produção de novas estruturas celulares. O organismo economiza energia por meio desse processo, porque ele recicla células antigas e pode construir novas células a partir dos produtos resultantes. Da mesma forma, é realizado um processo de limpeza no organismo, porque ele descarta os resíduos indesejados das células e pode, assim, prevenir doenças.

Quando fazemos jejum, substâncias nocivas, proteínas inutilizáveis e organelas de células antigas são descartadas. Isso nos mantém mais saudáveis e de certa maneira retarda o envelhecimento.

Entretanto, esse fenômeno não ocorre continuamente. Ele é mais induzido quando não fornecemos ao corpo alimentos por um longo período ou apenas oferecemos um pouco de comida. Aí entra em cena a importância do jejum. Essa reciclagem e autolimpeza só pode ser feita quando reduzimos a quantidade de insulina liberada, fato que ocorre após refeições.

Quando fazemos jejum, substâncias nocivas, proteínas inutilizáveis e organelas de células antigas são descartadas. Isso nos mantém mais saudáveis e de certa maneira retarda o envelhecimento. Se você comer com muita frequência, ou seja, comer várias refeições por dia, a insulina é liberada constantemente. Isto sinaliza para as células que energia suficiente está sendo fornecida e que a autofagia não é necessária. Assim, para você se beneficiar da autofagia, deve fazer intervalos mais longos sem comer, por vezes comendo uma ou duas vezes por dia.

O jejum e a autofagia têm sido relacionados em muitos estudos à prevenção de doenças cardiovasculares, neurológicas etc., sendo também uma ferramenta útil para pacientes psiquiátricos. Limpar o corpo é ter saúde.[3]

Outro ponto importante do jejum diz respeito à redução da inflamação sistêmica. Em 2019, pesquisadores fizeram um estudo para descobrir se muçulmanos que jejuaram durante o período do Ramadá tinham redução de

---

[3] GASSEN, N. C.; REIN, T. Is There a Role of Autophagy in Depression and Antidepressant Action? **Front Psychiatry**. 2019; 10:337. Published 2019 May 15. doi:10.3389/fpsyt.2019.00337.

JEJUM ESPIRITUAL E JEJUM INTERMITENTE ▪

substâncias inflamatórias e tóxicas no corpo. Para quem não sabe, o período do Ramadá dura aproximadamente um mês e, neste tempo, os muçulmanos jejuam todos os dias do nascer ao pôr do sol. O estudo concluiu, por meio de exames de sangue, que a prática reduzia significativamente os marcadores inflamatórios nos participantes.[4]

Muito interessante isso, não é? A ciência mostra que uma prática bíblica e muito usado no Oriente Médio há séculos, se corretamente utilizada, pode reduzir a nossa inflamação sistêmica e melhorar a nossa saúde.

Mas temos sempre uma questão importante: quanto tempo de jejum devemos fazer para começarmos um processo de autofagia? Em primeiro lugar, devemos compreender que não podemos fazer jejum prolongado sem uma boa revisão médica e a supervisão de um nutricionista. O profissional da nutrição pode elaborar uma estratégia alimentar na qual o jejum será apenas uma ferramenta visando benefícios na perda de peso e na redução do número de calorias.

Outro ponto importante é que o jejum deve ser sempre progressivo, iniciado aos poucos e permitindo que nosso organismo passe por fases de adaptação. Além disso, pessoas com determinadas enfermidades não podem jejuar. Por isso é importante uma avaliação médica.

Entretanto, muitos especialistas consideram que um bom tempo inicial seria ficar doze horas sem comer qualquer alimento, sendo permitido o consumo de água e chás sem açúcar ou adoçantes.

Uma das formas mais comuns de fazer jejum é o que chamamos de jejum intermitente. Neste processo, algumas vezes na semana as pessoas reduzem sua alimentação para que o processo de autofagia ocorra. Com treino e supervisão médica, muitas pessoas fazem jejuns de 16 ou 24 horas. Por exemplo, se jantarmos às 20 horas e comermos ao meio-dia do outro dia, iremos fazer um jejum de 16 horas. Este é apenas um exemplo.

Existem pessoas que preferem comer pela manhã e só comer no outro dia, e assim por diante. Mas fato é que jejuar é um processo validado pela ciência como útil para a melhora de nossa saúde e qualidade de vida. Se você quer iniciar essa disciplina espiritual e física, procure orientações com um profissional médico e da nutrição.

---

[4] MUSHTAQ, R.; AKRAM, A.; MUSHTAQ, R.; KHWAJA, S.; AHMED, S. The role of inflammatory markers following Ramadan Fasting. **Pakistan Journal of Medical Sciences**. 2019; 35(1):77-81.

Capítulo 22

O QUE COMER PARA REDUZIR A INFLAMAÇÃO E O ESTRESSE CORPORAL?

A PROPOSTA deste livro não é ser um guia ou manual de nutrição. Para que tenhamos uma dieta menos inflamatória e que reduza nosso estresse fisiológico, devemos procurar profissionais capacitados que possam

À PROCURA DA FELICIDADE

nos ajudar neste processo. Entretanto, falarei aqui sobre questões gerais que são fundamentais para melhorarmos nossa qualidade de vida e reduzirmos a nossa inflamação corporal.

Anteriormente, falei sobre o intestino ser o nosso segundo cérebro e que, se inflamarmos nosso intestino, teremos, por consequência, uma maior probabilidade de termos inflamação cerebral.

Isso é importante porque, como dito anteriormente, boa parte das doenças do cérebro, que roubam a nossa paz e bem-estar, não são simplesmente baixas na produção de neurotransmissores (serotonina, dopamina etc.), como anteriormente pensávamos. Hoje sabemos que a inflamação, oriunda de má alimentação, excesso de produção de radicais livres, estresse, resistência à insulina etc., é um dos maiores fatores associados à depressão e à ansiedade.

Assim, a maneira como comemos determina como será a nossa saúde cerebral. Já se perguntaram por que temos tantas doenças psiquiátricas hoje em dia? A grande verdade é que nossos hábitos têm sido os grandes causadores delas e não os fatores genéticos (ainda que para muitos a genética seja o fator mais determinante).

A título de exemplo, vou falar um pouco sobre como a alimentação influencia em casos de depressão. Dados de estudos pré-clínicos e clínicos sugerem que doenças psiquiátricas, particularmente o Transtorno Depressivo (TD), estão associadas a processos inflamatórios que ocorrem no nosso organismo. Hoje sabemos que quanto mais inflamado um paciente está, maior o risco de ter depressão ou não responder bem aos antidepressivos.

Embora seja improvável que o TD seja somente um distúrbio inflamatório primário, existem evidências que sugerem que a inflamação pode desempenhar um papel importante como fator de risco para a doença. A maioria das evidências que ligam inflamação e depressão vem de três observações:[1]

(a)	um terço das pessoas com depressão maior apresentam biomarcadores inflamatórios periféricos elevados em exames de sangue,

---

[1]	KRISHNADAS, R.; CAVANAGH, J. Depression: an inflammatory illness? **J Neurol Neurosurg Psychiatry.** 2012 May;83(5):495-502. doi: 10.1136/jnnp-2011-301779. Epub 2012 Mar 15. PMID: 22423117.

O QUE COMER PARA REDUZIR A INFLAMAÇÃO E O ESTRESSE CORPORAL? ■

mesmo na ausência de uma doença médica. Ou seja, boa parte das pessoas com depressão já possuem inflamação comprovada.

(b) doenças inflamatórias estão associadas a maiores taxas de TD. Assim, pessoas com doenças inflamatórias crônicas e doenças autoimunes têm uma prevalência maior de depressão que a média da população.

(c) pacientes tratados com citocinas (substâncias que podem alterar o sistema imune) correm maior risco de desenvolver TD.

Hoje sabemos que o cérebro não é um órgão protegido da nossa autoimunidade decorrente da inflamação. Descobriu-se que mediadores inflamatórios afetam vários substratos considerados importantes no surgimento da depressão, incluindo uma alteração na transmissão dos neurotransmissores, síntese dos mesmos e alterações na neurogênese. Pessoas com mais inflamação perdem mais neurônios e têm morte neuronal mais acelerada em regiões do cérebro como o hipocampo (centro da memória). É por isso que um dos sintomas mais comuns da depressão fruto do estresse crônico é a queixa de perda de memória.

Assim, nosso corpo é muito mais conectado do que pensamos. Nossos níveis de estresse, nossa incapacidade de descansar e nossa alimentação deficiente vão aos poucos inflamando o nosso organismo e gerando uma cadeia de eventos químicos que nos adoecerá no futuro.

Além disso, em um nível mais alto, acredita-se que a inflamação afete os padrões de comunicação cerebral, a cognição (memória, atenção, concentração) e gere uma verdadeira constelação de sintomas. A inflamação pode, portanto, desempenhar um papel na etiologia (estudo das causas das doenças) da depressão, pelo menos em uma parcela de indivíduos vulneráveis ou já predispostos. Lembram que eu disse que a genética não é uma sentença de morte? Existem indivíduos com genéticas péssimas para depressão, mas que nunca tiveram a doença porque possuem hábitos de vida anti-inflamatórios e saudáveis.

A inflamação pode não apenas agir como um fator precipitante que leva uma pessoa à depressão, mas também um fator perpetuante, que pode representar um obstáculo à recuperação. Mais importante do que isso são os marcadores inflamatórios, que podem auxiliar no diagnóstico e na previsão da resposta ao tratamento, levando à possibilidade de tratamentos personalizados, permitindo a estratificação do que continua sendo um distúrbio heterogêneo. Hoje, na prática clínica, já estamos pedindo exames para rastrear a inflamação e sugerir aos pacientes mudanças de hábito de maneira mais incisiva.

■ À PROCURA DA FELICIDADE

E, neste ponto, volto ao que estava me referindo anteriormente no livro: boa parte da nossa inflamação vem de hábitos alimentares ruins. Para reforçar isso, um famoso estudo foi feito na Austrália e publicado em 2017 (Estudo *Smiles)* mostrando evidências de que mudanças nos hábitos alimentares trariam melhora em sintomas depressivos em uma grande amostra de pacientes.[2]

As pessoas que participaram do estudo *Smiles* foram recrutadas na comunidade e relatavam sintomas de depressão. Posteriormente, elas foram entrevistadas para assegurar que de fato estavam passando por um episódio depressivo, que não tinham outro problema de saúde que pudesse estar ocasionando a depressão e que tinham condições de se submeter a um programa de mudança dietética.

Os participantes foram designados aleatoriamente para um dos grupos. Esse processo foi feito eletronicamente, de modo que os organizadores do estudo não tiveram qualquer informação sobre em qual grupo cada participante seria colocado. O processo de randomização ajuda a controlar os fatores que podem tornar os dois grupos diferentes de alguma forma. Por exemplo, a randomização visa criar dois grupos iguais, de modo que, uma vez vista qualquer mudança em um ou em ambos dos grupos, isso não ocorre porque um grupo tinha um nível de educação mais alto ou porque era composto apenas por mulheres.

De maneira simplificada, o primeiro grupo de pessoas se reunia com a equipe para fazer interações sem que fosse feito nenhum tipo de intervenção dietética mais precisa. O segundo grupo recebeu a intervenção dietética, que envolveu uma reunião com um nutricionista credenciado para educação alimentar, apoio e aconselhamento nutricional. Os participantes foram encorajados a seguir uma dieta mediterrânea modificada, conforme um protocolo disponível para este tipo de dieta na Austrália e na Grécia – lembra-se do que falei inicialmente das *Blue Zones?*

Em que consiste essa dieta? Há um bom corpo de evidências que sugerem que um padrão alimentar saudável, como a dieta mediterrânea, promove a saúde cerebral e mental, e ele é composto de frutas frescas, vegetais, grãos integrais, legumes, nozes, azeite extra-virgem e peixes. Os participantes trabalharam em colaboração com o nutricionista a fim de melhorar a qualidade

---

[2]   JACKA, F. N.; O'NEIL, A.; OPIE, R. *et al.* A randomised controlled trial of dietary improvement for adults with major depression (the 'SMILES' trial). **BMC Med** 15, 23 (2017).

O QUE COMER PARA REDUZIR A INFLAMAÇÃO E O ESTRESSE CORPORAL? ■

geral da dieta. Por exemplo, aumentar o consumo semanal de peixe ou trocar o sorvete de chocolate ocasional por iogurte natural com nozes e favo de mel.

Após três meses, os participantes compareceram a uma consulta de acompanhamento, na qual completaram todas as mesmas medidas que haviam concluído na primeira consulta. Mais uma vez, os participantes forneceram uma amostra de sangue e foram avaliados quanto à sua saúde física, dieta e humor.

Ao analisar os resultados da primeira consulta, a equipe de pesquisa fez comparações entre o grupo sem intervenção e o grupo com a dieta, e verificou qual deles teve mais melhorias em seus sintomas de depressão. Por fim, os participantes foram acompanhados por telefone durante seis meses após a consulta de base (primeiro atendimento) para avaliar novamente a dieta e a saúde mental.

Os resultados do estudo mostraram que os participantes do grupo de intervenção dietética tiveram uma redução muito maior em seus sintomas depressivos durante o período de três meses, em comparação com o outro grupo.

Sendo assim, comer bem é, hoje, por meio das evidências dos estudos médicos, uma forma de medicação natural e devemos estar mais atentos com relação a isso em nossos hábitos alimentares.

No final do estudo, um terço das pessoas do grupo de apoio dietético preencheram os critérios para remissão da depressão maior, em comparação com 8% das pessoas do grupo de apoio social (não dietético). Inacreditável, não é? Essa é uma prova muito forte de que aquilo que comemos afeta a nossa saúde mental muito mais do que pensamos.

Os resultados desses estudos não foram explicados por mudanças na atividade física ou no peso corporal, mas estavam intimamente relacionados à extensão da mudança na dieta. Em outras palavras, aqueles que mais melhoraram sua dieta, experimentaram maiores benefícios para o combate da depressão.

Sendo assim, comer bem é, hoje, por meio das evidências dos estudos médicos, uma forma de medicação natural e devemos estar mais atentos com relação a isso em nossos hábitos alimentares.

Sendo assim, é incrível como as Escrituras nos mostram caminhos para a saúde aos quais não prestamos atenção ou não damos muito valor. Lembremos do profeta Daniel:

■ À PROCURA DA FELICIDADE

> *E Daniel propôs no seu coração não se contaminar com a porção das iguarias do rei, nem com o vinho que ele bebia; portanto pediu ao chefe dos eunucos que lhe permitisse não se contaminar. Ora, Deus fez com que Daniel achasse graça e misericórdia diante do chefe dos eunucos. E disse o chefe dos eunucos a Daniel: Tenho medo do meu senhor, o rei, que determinou a vossa comida e a vossa bebida; pois por que veria ele os vossos rostos mais tristes do que os dos outros jovens da vossa idade? Assim porias em perigo a minha cabeça para com o rei. Então disse Daniel ao despenseiro a quem o chefe dos eunucos havia constituído sobre Daniel, Hananias, Misael e Azarias: Experimenta, peço-te, os teus servos dez dias, e que se nos deem legumes a comer, e água a beber. Então se examine diante de ti a nossa aparência, e a aparência dos jovens que comem a porção das iguarias do rei; e, conforme vires, procederás para com os teus servos. E ele consentiu isto, e os experimentou dez dias. E, ao fim dos dez dias, apareceram os seus semblantes melhores, e eles estavam mais gordos de carne do que todos os jovens que comiam das iguarias do rei. Assim o despenseiro tirou-lhes a porção das iguarias, e o vinho de que deviam beber, e lhes dava legumes. (Daniel 1.8-16 ACF)*

Veja que interessante. Daniel percebeu que a alimentação da Babilônia não era uma alimentação saudável e que glorificasse o seu Deus por razões religiosas.[3] Sendo assim, ele fez a opção por uma dieta mais saudável e isso fez com que ele e seus amigos se mostrassem mais dispostos e com aparência física melhor do que a dos demais conselheiros do rei.

Como eu disse, a inflamação vem pela alimentação. Quando ingerimos em excesso alimentos com carboidratos processados, com elevado índice de açúcar, refrigerantes etc., a glicose chega muito rápido à nossa circulação sanguínea. Esses picos de glicose aumentam a produção de citocinas inflamatórias, aumentando a nossa inflamação sistêmica e causando o adoecimento. É por isso que será sempre melhor comer comida natural e de verdade do que alimentos processados ou repletos de açúcar. Temos de descascar mais em nossas cozinhas e ter cada vez menos embalagens.

Outro ponto importante é sobre o consumo do álcool. Eu disse que a população das *Blue Zones* usa álcool com moderação (em geral, vinho de boa qualidade com substâncias que previnem doenças cardiovasculares).

---

[3] Mesmo sendo por razões religiosas – a obediência à lei alimentícia dos hebreus –, o maior beneficiado seria o próprio Daniel e os membros da comunidade hebraica.

O QUE COMER PARA REDUZIR A INFLAMAÇÃO E O ESTRESSE CORPORAL? ■

Entretanto, o álcool por si só pode aumentar a inflamação em nosso sangue; logo, se usado de maneira excessiva, pode nos tornar cronicamente inflamados. Pessoas que bebem muito têm níveis mais elevados de Proteína C Reativa, um importante marcador inflamatório. Além disso, o álcool é metabolizado em nosso corpo e produz substâncias químicas que podem afetar o nosso DNA e prejudicar os nossos telômeros.

Assim, os estudos médicos vêm novamente apoiar o que dizem as Escrituras: não devemos nos embriagar com vinho! Mas, ao mesmo tempo, estudos seguem afirmando que um bom vinho com moderação faz muito bem à saúde.

Algo que ajudaria muito a nossa saúde, e percebemos isso na dieta dos povos que vivem mais, é o elevado consumo de substâncias que reduzem a resposta inflamatória. Alimentos como morangos, amoras, framboesas, uvas arroxeadas, abacaxis, couve, alho-poró são maravilhosos para reduzir inflamações. Esses alimentos em geral contêm uma boa quantidade de flavonoides e carotenoides, substâncias que reduzem a inflamação e o estresse oxidativo.

Além disso, uma das características dos povos das Zonas Azuis foi se alimentarem com grande quantidade de peixes gordos, nozes, linhaça e vegetais folhosos. Esses alimentos são ricos em Ômega-3 e essa substância protege o nosso cérebro da inflamação e do envelhecimento acelerado. Nosso corpo processa o Ômega-3 e o utiliza para produzir hormônios que reduzem a inflamação e a chance de termos infarto. Alguns estudos também apontaram que o uso do Ômega-3 aumentou o cumprimento dos telômeros.

Obviamente, a melhor forma de obter Ômega-3 é por meio da alimentação natural, mas diante da impossibilidade de obtê-lo por essa via, compensar as quantidades corretas por meio de suplementos de boa qualidade pode ser uma boa alternativa.

Além disso, temos de falar também do papel de certos alimentos na redução da produção de radicais livres. Os estudos sobre suplementação de vitaminas por meio de produtos artificiais produziram resultados muito antagônicos, mas sabemos que vitaminas antioxidantes, como a vitamina C e a vitamina E, parecem ajudar a proteger nosso corpo da ação de radicais livres.

Vários alimentos possuem características antioxidantes por terem em sua composição vitaminas e minerais que ajudam a combater a ação dos radicais livres. Sendo assim, devemos colocar em nossa dieta frutas cítricas, morangos, amora, maçã, cenoura e vegetais têm de folhas verdes. Outros alimentos antioxidantes são frutas secas, sementes, grãos integrais e chá verde.

À PROCURA DA FELICIDADE

Para finalizar, temos de alertar, novamente, sobre a necessidade de comer menos e ter menos peso. De fato, pessoas com obesidade, sobretudo obesidade abdominal, apresentam maior risco de mortalidade para inúmeras doenças. Vimos durante a pandemia como a população obesa apresentou risco muito maior de mortalidade do que a população magra, independentemente de outras variáveis.[4]

Quanto mais ingerimos glicose, seja em forma de açúcar ou carboidratos não integrais, mais o nosso pâncreas libera insulina para ajudar a glicose a entrar nas células. De fato, sem glicose morremos. Entretanto, se ocorrer excesso, o corpo transforma o excesso de glicose em gordura e, aos poucos, isso faz que nossa composição corporal de gordura seja cada vez mais elevada.

É por isso que a avaliação com um nutricionista é muito importante: existem pessoas que são verdadeiros falsos magros. Não possuem grande peso, mas apresentam elevado percentual de gordura corporal e não estão saudáveis.

Uma maneira de evitarmos isso é comer alimentos ricos em fibras e carboidratos de melhor qualidade. Como exemplo, temos de inserir em nossa alimentação alimentos como trigo integral, massas integrais, sementes e vegetais. Esses alimentos produzem menos picos de insulina, fazendo que nosso corpo processe a glicose de maneira adequada, evitando que ela seja depositada em forma de gordura nas células.

Obviamente, nós estamos no Brasil e não é possível reproduzir um padrão dietético rígido como uma dieta mediterrânea, mas podemos e devemos fazer adaptações alimentares que nos possibilitem ter um corpo menos inflamado e mais resistente às doenças.

---

[4] HUSSAIN, A.; MAHAWAR, K.; XIA, Z.; YANG, W.; EL-HASANI, S. Obesity and mortality of COVID-19. Meta-analysis. **Obes Res Clin Pract.** 2020 Jul-Aug;14(4):295-300. doi: 10.1016/j.orcp.2020.07.002. Epub 2020 Jul 9. Retraction in: Obes Res Clin Pract. 2021 Jan-Feb;15(1):100.

Capítulo 23

ATIVIDADE FÍSICA, ESTRESSE E ENVELHECIMENTO

HOJE SABEMOS, quase que por consenso popular, que os exercícios físicos fazem bem à saúde. Mas o efeito dos exercícios no nosso corpo produz resultados muito mais incríveis do que pensamos.

O exercício físico está associado a melhorias em muitos aspectos de nossa saúde. Exercitar-se reduz a resistência à insulina, diminui a inflamação no organismo, reduz a gordura corporal, diminui a pressão arterial, traz bem-estar psicológico e libera elevado número de substâncias benéficas para nossa saúde física e mental.

■ À PROCURA DA FELICIDADE

Entretanto, poucas pessoas sabem que exercícios físicos podem aumentar o comprimento de nossos telômeros e isso também tem sido uma grande descoberta da Medicina. Por exemplo, um gêmeo com mais nível de atividade física exibe telômeros mais longos na meia-idade em comparação com o seu irmão sedentário.[1]

Níveis moderados de atividade física podem reduzir o encurtamento dos telômeros, induzindo neles um efeito protetor e indicando uma importante adaptação que pode prevenir doenças relacionadas à idade.[2]

Por outro lado, exercícios físicos feitos de maneira exagerada e extenuantes podem aumentar a produção de radicais livres em nosso corpo e trazer danos às células e ao envelhecimento precoce. Dessa forma, exercitar-se com moderação é um dos grandes segredos da longevidade.

Mas existem diferenças entre os tipos de exercícios quanto ao aumento da telomerase e à prevenção do envelhecimento? Essa é ainda uma questão controversa.

Em 2019, um estudo alemão liderado pelo pesquisador Christian Werner comparou diferentes tipos de exercícios físicos e a produção de telomerase.[3] Resumidamente, o estudo deixou evidente que atividades aeróbicas e de resistência aumentaram mais a telomerase do que as atividades de força. Obviamente que atividades de força, como a musculação, são necessárias para podermos fazer outros tipos de atividades físicas com melhor regularidade e devem complementar outras atividades físicas.

Além disso, há diferentes formas de realizarmos exercícios de força capazes de proporcionar um elevado impacto em nossa capacidade aeróbica. Mas não nos deteremos nos métodos de treinamento físico e sugiro que, para uma melhor avaliação individual, toda pessoa consulte um educador físico devidamente treinado e capacitado.

---

[1]   MUNDSTOCK, E.; ZATTI, H.; LOUZADA, F. M.; OLIVEIRA, S. G.; GUMA, F. T.; PARIS, M. M.; RUEDA, A. B.; MACHADO, D. G.; STEIN, R. T.; JONES, M. H.; SARRIA, E. E.; BARBE-TUANA, F. M.; MATTIELLO, R. Effects of physical activity in telomere length: systematic review and meta-analysis. **Ageing Res Rev** 2015;22:72–80.

[2]   LUDLOW, A. T.; LUDLOW, L. W.; ROTH, S. M. Do telomeres adapt to physiological stress? Exploring the effect of exercise on telomere length and telomere-related proteins. **Biomed Res Int** 2013;2013:1.

[3]   WERNER, C. M.; HECKSTEDEN, A.; MORSCH, A.; ZUNDLER, J.; WEGMANN, M.; KRATZSCH, J.; THIERY, J.; HOHL, M.; BITTENBRING, J. T.; NEUMANN, F.; BÖHM, M.; MEYER, T.; LAUFS, U. Differential effects of endurance, interval, and resistance training on telomerase activity and telomere length in a randomized, controlled study. **Eur Heart J**. 2019 Jan 1;40(1):34-46.

ATIVIDADE FÍSICA, ESTRESSE E ENVELHECIMENTO ■

A grande questão é que vários estudos mostram que fazer atividades aeróbicas de maneira moderada é fundamental para a melhoria de nossa saúde física, mental, para a prevenção do envelhecimento e a redução da inflamação sistêmica.

Mas qual seria o mínimo de atividade física semanal para termos benefícios sobre a saúde e redução da mortalidade? Um estudo publicado em 2016, realizado por pesquisadores de Taiwan, trouxe dados interessantes sobre isso.[4]

Nesse estudo, 416.175 pessoas (199.265 homens e 216.910 mulheres) participaram de um programa padrão de triagem médica entre os anos de 1996 e 2008, com seguimento médio de 8 anos.

Com base na quantidade de exercício semanal indicada em um questionário autoadministrado, os participantes foram colocados em cinco categorias de volumes de exercício: atividade inativa, baixa, média, alta ou muito alta.

Esse mesmo estudo mostrou uma redução progressiva nas taxas de câncer, doenças do coração e diabetes nos grupos que se exercitavam.

Assim, os pesquisadores puderam comparar o risco de mortalidade entre os grupos conforme as categorias citadas. Os resultados foram muito animadores. Comparados com indivíduos do grupo inativo, aqueles participantes do grupo de atividade de baixo volume, que se exercitavam em média 92 minutos por semana ou 15 minutos por dia, tiveram um risco reduzido de 14% de mortalidade por todas as causas e tiveram expectativa de vida aumentada 3 anos ou mais.

A cada 15 minutos adicionais de exercício diário, além da quantidade mínima de 15 minutos por dia, reduziu ainda mais a mortalidade por todas as causas em 4% e a mortalidade por todos os tipos de cânceres em 1%.

Esses benefícios foram aplicáveis a todas as faixas etárias em ambos os sexos. Indivíduos que eram inativos tiveram um risco aumentado de mortalidade de 17% em comparação com indivíduos do grupo de baixo volume de exercícios físicos. O mesmo estudo mostrou uma redução progressiva nas

---

[4] WEN, C. P.; WAI, J. P.; TSAI, M. K.; YANG, Y. C.; CHENG, T. Y.; LEE, M. C.; CHAN, H. T.; TSAO, C. K.; TSAI, S. P.; WU, X. Minimum amount of physical activity for reduced mortality and extended life expectancy: a prospective cohort study. **Lancet**. 2011 Oct 1;378(9798):1244-53.

■ À PROCURA DA FELICIDADE

taxas de câncer, doenças do coração e diabetes nos grupos que se exercitavam. Um estudo realmente impactante!

Fazer quinze minutos diários de exercício ou noventa minutos por semana (considerando um dia de folga) não é uma meta difícil de ser atingida. Além disso, o estudo mostrou que quanto mais minutos de práticas de atividades físicas adicionamos por semana, teremos ganhos adicionais em relação à média do estudo. Assim, imaginem o potencial de alguém que faça uma caminhada rápida por trinta minutos por dia, quatro ou cinco vezes por semana! Seria uma forma maravilhosa de reduzirmos a mortalidade entre nós.

Outro estudo muito interessante foi publicado por pesquisadores canadenses em 2018.[5] Nele, 61 participantes foram divididos em três grupos. Uma parte foi submetida a exercícios intervalados de alta intensidade (HIT), outro grupo foi submetido a exercícios mais moderados contínuos e o último grupo não realizou exercícios físicos. Todos os participantes foram submetidos a uma escala para avaliar a intensidade de sintomas depressivos no início do estudo e realizaram exames de sangue para quantificar marcadores inflamatórios.

Como eu disse anteriormente, hoje a depressão também tem sido vista como uma doença inflamatória. No estudo, citocinas inflamatórias (como IL6 e TNF) foram medidas por meio de exames de sangue, a fim de avaliar se os exercícios físicos teriam algum efeito positivo na redução da inflamação.

Mesmo sendo um estudo com amostragem pequena, novamente os resultados foram animadores. Os exercícios de intensidade moderada resultaram em menores taxas de depressão e níveis mais baixos de TNF-α (uma das citocinas inflamatórias), em comparação com o grupo que não se exercitava. No entanto, esse mesmo padrão de resultados não foi observado para o exercício de alta intensidade.

Embora os exercícios de alta intensidade tenham um efeito semelhante sobre os sintomas depressivos ao exercício de intensidade moderada, o exercício de alta intensidade induziu níveis mais elevados de estresse percebido nos participantes. Obviamente, todos os grupos que se exercitavam tinham melhora nas taxas de saúde mental, diferentemente dos grupos de sedentários.

---

[5] PAOLUCCI, E. M.; LOUKOV, D.; BOWDISH, D. M. E.; HEISZ, J. J. Exercise reduces depression and inflammation but intensity matters. **Biol Psychol**. 2018 Mar; 133:79-84. doi: 10.1016/j.biopsycho.2018.01.015. Epub 2018 Feb 3. PMID: 29408464.

ATIVIDADE FÍSICA, ESTRESSE E ENVELHECIMENTO ■

Diante disso, a hipótese levantada pelos pesquisadores foi que a resposta fisiológica aos exercícios de alta intensidade pode ter exacerbado a resposta fisiológica ao estresse do organismo de maneira exagerada. Realizar exercícios de alta intensidade três vezes por semana ativaria a resposta ao estresse de maneira exacerbada e pode atrapalhar a capacidade do corpo de regular a sua resposta fisiológica a outros eventos estressantes.

Ou seja: exercícios extenuantes podem nos deixar com o corpo estressado e inflamado. Isso, por sua vez, aumentaria a percepção do próprio organismo a estresses em eventos no nosso dia a dia. Outro dado interessante foi que os participantes que fizeram exercícios de alta intensidade apresentaram níveis mais elevados de marcadores inflamatórios.

Em resumo, não temos ainda uma resposta definitiva sobre quais seriam os melhores tipos de exercícios físicos para aumento da expectativa de vida e a redução de estresse. Entretanto, sabemos que quando comparamos grupos populacionais que se exercitam de maneira adequada e não exagerada, eles apresentam menos inflamação, telômeros mais longos e maior expectativa de vida. Ou seja, não precisamos ser superatletas, mas exercitar-se tem sido visto, hoje, como a alimentação, uma forma de automedicação natural.

Outro ponto importante de ser comentado é a relação entre exercícios e longevidade, como o que foi verificado nas comunidades *Blue Zones*. Pesquisadores perceberam que, nestas regiões, a população em geral está submetida a um estilo de vida que a coloca em constante movimento. É importante reafirmar isso porque, quando falamos em exercícios físicos, a primeira coisa que nos vem à mente é a necessidade de correr cinco quilômetros ou frequentar uma academia.

É obvio que o nosso ritmo de vida (sobretudo nas grandes capitais) nos impede de estar sempre ativos, e frequentar uma academia ou realizar treinos aeróbicos em uma esteira são medidas realmente benéficas à saúde. Mas o ideal seria podermos conduzir uma rotina em que nos movimentássemos mais e ficássemos menos tempo sentados.

Um estudo interessante mostrou que, quanto mais tempo ficamos sentados durante o dia, maiores os riscos de termos um infarto, diabetes ou outras doenças cardiovasculares. O sedentarismo inclui atividades como assistir TV, ouvir música, ler e escrever, tricotar e costurar, jogar vídeo ou jogos de

■ À PROCURA DA FELICIDADE

computador e andar de carro uma hora por dia; isso reduz a nossa expectativa de vida em 22 minutos.[6]

Sobre a relação entre exercícios e morte de neurônios, os dados científicos também são muito animadores. Sabemos que pessoas que se exercitam regularmente produzem mais neurotrofinas, dentre elas uma substância chamada fator neurotrófico derivado do cérebro (BDNF). Essa proteína tem um papel central no desenvolvimento e na preservação dos neurônios (nossas células nervosas). Quanto mais BDNF tivermos, mais crescimento neuronal e mais reparo temos nos nossos neurônios. Não é à toa que ela é chamada de fertilizante cerebral.

Um estudo interessante mostrou que, quanto mais tempo ficamos sentados durante o dia, maiores os riscos de termos um infarto, diabetes ou outras doenças cardiovasculares.

Assim, um nível elevado de BDNF pode estar relacionado a uma melhoria na saúde cerebral. Por outro lado, uma diminuição do BDNF pode estar relacionada a diferentes alterações do sistema nervoso, como a depressão, esquizofrenia, demências etc. Pesquisas dizem que a prática regular de atividade física faz que a produção do BDNF seja aumentada; com isso, pode-se obter uma melhoria na memória, na atenção e na atenuação da perda de neurônios que temos à medida que envelhecemos.[7]

Esse é um dado importante quando falamos de doenças psiquiátricas. Baixos níveis de BDNF estão relacionados a doenças como depressão, Parkinson e demências e, dessa forma, a prática de exercícios físicos pode reduzir de maneira significativa o surgimento dessas doenças pelo aumento da produção de BDNF.[8]

---

[6] HENSCHEL, B.; GORCZYCA, A. M.; CHOMISTEK, A. K. Time Spent Sitting as an Independent Risk Factor for Cardiovascular Disease. **Am J Lifestyle Med**. 2017;14(2):204-215. Published 2017 Sep 1. doi:10.1177/1559827617728482.

[7] SLEIMAN, S. F.; HENRY, J.; AL-HADDAD, R.; EL HAYEK, L.; ABOU HAIDAR, E.; STRINGER, T.; ULJA, D. KARUPPAGOUNDER, S. S.; HOLSON, E. B.; RATAN, R. R.; NINAN, I.; CHAO, M. V. Exercise promotes the expression of brain derived neurotrophic factor (BDNF) through the action of the ketone body ⊠-hydroxybutyrate. **Elife**. 2016 Jun 2;5:e15092.

[8] MARTINOWICH, K.; MANJI, H.; LU, B. New insights into BDNF function in depression and anxiety. **Nat Neurosci**. 2007 Sep;10(9):1089-93. doi: 10.1038/nn1971. PMID: 17726474. TAPIA-ARANCIBIA, L.; ALIAGA, E.; SILHOL, M.; ARANCIBIA, S. New insights into brain BDNF function in normal aging and Alzheimer disease. **Brain Res Rev**. 2008 Nov;59(1):201-20. doi: 10.1016/j.brainresrev.2008.07.007. Epub 2008 Aug 3. PMID: 187080.

ATIVIDADE FÍSICA, ESTRESSE E ENVELHECIMENTO ■

Assim, uma das maneiras de compensarmos os danos do estresse vivenciado em nossas sociedades aceleradas e agitadas é a prática regular de exercícios físicos. Já há estudos apontando que a prática de exercícios físicos desempenhou importante papel na redução do estresse em idosos durante a pandemia.[9]

Não é mais admissível vivermos inativos ou sedentários em uma cultura que nos adoece de maneiras diversas sobre as quais não temos nenhum controle. Se por um lado não conseguimos reduzir os níveis de estresse vivenciados no trabalho ou dentro do lar, por outro podemos reduzir os efeitos do estresse em nosso cérebro mediante a prática regular de atividades físicas capazes de reduzir a inflamação e promover uma atenuação dos danos em nossa saúde física e emocional.

---

[9] CHURCHILL, R.; RIADI, I.; KERVIN, L.; TEO, K.; COSCO, T. Deciphering the role of physical activity in stress management during a global pandemic in older adult populations: a systematic review protocol. **Syst Rev**. 2021 May 7;10(1):140.

Capítulo 24

DESCANSE E DURMA BEM

> *Lembre-se de guardar o sábado, fazendo dele um dia santo. Você tem seis dias na semana para fazer os trabalhos habituais, mas o sétimo dia é o sábado do Senhor, seu Deus. Nesse dia, ninguém em sua casa fará trabalho algum: nem você, nem seus filhos e filhas, nem seus servos e servas, nem seus animais, nem os estrangeiros que vivem entre vocês. O Senhor fez os céus, a terra, o mar e tudo que neles há em seis dias; no sétimo dia, porém, descansou. Por isso o Senhor abençoou o sábado e fez dele um dia santo.* (Êxodo 20.8-11 NVT)

■ À PROCURA DA FELICIDADE

MUITAS DOENÇAS nascem da quebra de princípios espirituais elementares. Quantos de nós culpamos o Diabo ou terceiros pela negligência em disciplinas espirituais que deveríamos praticar em nossas rotinas diárias?

Vimos como somos incentivados a viver numa sociedade marcada pela produtividade a todo custo. Sem perceber, assumimos o ritmo acelerado como se fosse a nossa normalidade.

Se descansar fosse fácil, não seria mandamento. Quantos de nós pensamos todos os dias: "Não posso parar agora", "Queria que o dia tivesse trinta horas", "Descansar é perder tempo", "Vou deixar de almoçar para resolver isso", "Preciso produzir mais". Da mesma forma, quantas vezes achamos que descansar ou estar em um momento de ócio é algo ruim ou negativo? Você já se sentiu culpado ou fracassado por não conseguir trabalhar mais? Em seus fins de semana você não consegue desligar do trabalho ou reduzir a velocidade de sua vida agitada? Se a resposta for sim, você talvez tenha desaprendido a descansar.

Uma das principais causas de doenças em nosso tempo é a quebra da lei do sábado, o desrespeito ao descanso. A quebra de um princípio espiritual importante ordenado por Deus para nossa saúde física, mental e espiritual causa danos, e a ciência confirma isso.

Eu não creio que, na nova aliança em Cristo, o descanso deva ser exercido apenas durante os sábados. Muitos de nós descansamos aos domingos e outros tiram folga às segundas-feiras, mas o importante é viver o princípio espiritual com qualidade e fidelidade.

Deus, após criar tudo o que existe, descansou. Logo, a disciplina espiritual do descanso está diretamente relacionada com a criação de Deus, com o modo como ele nos desenhou biologicamente, de maneira que o nosso corpo e a mente funcionem da melhor maneira possível.

Vimos como o estresse nos inflama e nos envelhece. Aprendemos como a inflamação tem sido considerada a grande vilã do nosso corpo e que pessoas com hábitos saudáveis vivem mais. Um dos segredos dos povos das *Blue Zones* é o hábito de descansar. Assim, é interessante notar o hábito dos cristãos adventistas de Loma Linda, cidade da Califórnia.

Adventistas do Sétimo Dia seguem o descanso sabático de maneira literal. Nos dias de sábado, eles descansam de maneira rigorosa e tornam esse um dia dedicado ao Senhor. Mesmo não concordando teologicamente com esse rigor, eu admiro muito a disciplina de meus parentes adventistas no exercício

DESCANSE E DURMA BEM ■

do descanso. Deveríamos aprender com eles sobre como exercer e implantar com mais eficácia essa disciplina espiritual.

Somos limitados ao tempo, recebemos um dia de cada vez de nosso Senhor e temos como dádiva os momentos de descansar e trabalhar. A preguiça não é descanso. Deus nos fez DESDE o princípio com um mandato cultural de crescer, multiplicar e trabalhar a terra. Deus deu a cada um de nós talentos e habilidades para trabalhar e trazer ordem à sua criação em coparticipação com ele. Trabalhar é, portanto, um ato que glorifica a Deus.

Entretanto, o Senhor não nos fez apenas para trabalhar. Não fomos criados por Deus para investir todas as horas, dias e anos de maneira constante no trabalho, como os hebreus faziam ao serem escravizados no Egito. Precisamos de pausas, precisamos reduzir o ritmo acelerado, precisamos parar de acelerar exageradamente nosso corpo e mente, precisamos dormir e encontrar descanso.

Há ritmos diários, semanais e mensais de descanso. Ao desrespeitarmos esses ritmos e pausas, nos forçamos a hábitos prejudiciais de vida que levam a tantas doenças e consequências desastrosas à saúde física e mental.

Depois que os hebreus saíram do Egito, Deus lhes deu vários mandamentos. Os três primeiros mandamentos dizem respeito à adoração a Deus como o único Senhor dos céus e da terra. Mas, logo em seguida, antes da honra ou dos pecados contra o próximo, Deus deu o quarto mandamento: descansar!

Como o Senhor descansou e se alegrou com o resultado de seu trabalho, somos intimados a celebrar a dádiva da sua provisão, que ele nos concede, e chamados a nos alegrarmos com os frutos de nosso trabalho, também gerados pelo Senhor. Muitas vezes não descansamos porque estamos rendidos a ídolos no coração (a quebra dos primeiros três mandamentos), que ocupam em nós o lugar que somente Deus deveria ocupar.

Várias coisas podem se tornar ídolos, até a nossa família. É inegável, porém, que um dos maiores ídolos de nosso tempo é o trabalho e o excesso de produtividade. No fundo, como cristãos, não acreditamos que Deus seja capaz de nos dar a provisão necessária e proporcionar o que precisamos para sobreviver diariamente. Rendidos ao discurso da sociedade do cansaço, tornamos o trabalho um ídolo difícil de ser derrubado do altar e, sem perceber, quebramos o quarto mandamento.

À PROCURA DA FELICIDADE

Assim, descansar é também um ato de fé. Ao descansar, reconhecemos que Deus está cuidando diariamente de nossas necessidades, mesmo quando estamos dormindo. Somos convidados por Cristo, em amor e não pela culpa, a confiarmos nele e em sua provisão:

> *Ninguém pode servir a dois senhores; pois odiará a um e amará o outro, ou se dedicará a um e desprezará o outro. Vocês não podem servir a Deus e ao Dinheiro. "Portanto eu lhes digo: não se preocupem com suas próprias vidas, quanto ao que comer ou beber; nem com seus próprios corpos, quanto ao que vestir. Não é a vida mais importante do que a comida, e o corpo mais importante do que a roupa? Observem as aves do céu: não semeiam nem colhem nem armazenam em celeiros; contudo, o Pai celestial as alimenta. Não têm vocês muito mais valor do que elas? Quem de vocês, por mais que se preocupe, pode acrescentar uma hora que seja à sua vida?*
>
> *"Por que vocês se preocupam com roupas? Vejam como crescem os lírios do campo. Eles não trabalham nem tecem. Contudo, eu lhes digo que nem Salomão, em todo o seu esplendor, vestiu-se como um deles. Se Deus veste assim a erva do campo, que hoje existe e amanhã é lançada ao fogo, não vestirá muito mais a vocês, homens de pequena fé? Portanto, não se preocupem, dizendo: 'Que vamos comer?' ou 'que vamos beber?' ou 'que vamos vestir?' Pois os pagãos é que correm atrás dessas coisas; mas o Pai celestial sabe que vocês precisam delas. Busquem, pois, em primeiro lugar o Reino de Deus e a sua justiça, e todas essas coisas lhes serão acrescentadas. Portanto, não se preocupem com o amanhã, pois o amanhã se preocupará consigo mesmo. Basta a cada dia o seu próprio mal. (Mateus 6.24-34)*

Todo o nosso trabalho emerge do descanso que o Senhor nos proporciona através da obra perfeita de Jesus Cristo. Nosso descanso começa sempre trazendo Cristo em nosso coração. Descansamos porque antes de tudo Jesus conquistou a possibilidade de descanso para nós. Os momentos de pausa, sejam na nossa rotina diária ou nos fins de semana, devem trazer Cristo para o centro de nossa adoração e atenção.

Como tem sido o tempo gasto por você aos domingos? Você se alegra por ir à casa do Senhor? No precioso dia de descanso, Cristo reina em sua rotina diária de modo a aprimorar disciplinas espirituais para o restante da semana? Você começa a semana preocupado com a segunda-feira ou reconhecendo que Cristo é Senhor sobre sua agenda e sobre o seu tempo?

DESCANSE E DURMA BEM ■

Descansar também é cuidar da alma com *hobbies,* brincadeiras, arte, jogos e espetáculos que nos possibilitem desfrutar da criação de Deus. Entretanto, todas essas coisas não irão proporcionar em nós o descanso espiritual que a nossa existência precisa:

> *Venham a mim, todos os que estão cansados e sobrecarregados, e eu lhes darei descanso. Tomem sobre vocês o meu jugo e aprendam de mim, pois sou manso e humilde de coração, e vocês encontrarão descanso para as suas almas. Pois o meu jugo é suave e o meu fardo é leve.* (Mateus 11.28-30)

Pratique o exercício de criar espaços em sua agenda diária para o descanso e mude a forma como você tem encarado o seu trabalho até hoje. Insira momentos em sua rotina em que possa realizar pausas de descanso em meio às atividades aceleradas de seu dia a dia. E lembre-se de que, nas *Blue Zones,* uma das características dos povos que vivem muito é o hábito de descanso inserido em rotinas diárias.

Outro ponto importante sobre o descanso é o sono. Dormir é parte do descanso diário. Pesquisas apontam que 45% das pessoas têm perdas relacionadas ao sono de má qualidade.[1] E um dado interessante é que dormir mal está associado a telômeros mais curtos. Ou seja, a insônia envelhece.[2]

Em 2012, pesquisadores britânicos publicaram um estudo sobre o comprimento dos telômeros e sua relação com horas de sono em homens. Nessa pesquisa, os telômeros dos homens que dormiam cinco horas ou menos de sono eram 6% menores do que os dos que dormiam sete horas ou mais de sono durante a noite.[3] Assim, dormir é fundamental para um cérebro preservado em nossa velhice.

Muitas pessoas ainda não compreenderam a importância de dormir bem. Em primeiro lugar, devemos compreender que o sono regula o

---

[1] Disponível em: <https://www.sleepfoundation.org/>.

[2] CARROLL, J. E.; ESQUIVEL, S.; GOLDBERG, A.; SEEMAN, T. E.; EFFROS, R. B.; DOCK, J.; OLMSTEAD, R.; BREEN, E. C.; IRWIN, M. R. Insomnia and Telomere Length in Older Adults. **Sleep.** 2016 Mar 1;39(3):559-564. doi: 10.5665/sleep.5526. PMID: 26715231; PMCID: PMC4763369.

[3] JACKOWSKA, M.; HAMER, M.; CARVALHO, L. A.; ERUSALIMSKY, J. D.; BUTCHER, L.; STEPTOE, A. Short sleep duration is associated with shorter telomere length in healthy men: findings from the Whitehall II cohort study. **PLoS One.** 2012;7(10): e47292. doi:10.1371/journal.pone.0047292.

À PROCURA DA FELICIDADE

nosso ritmo biológico. Existe uma região de nosso cérebro chamada núcleo supraquiasmático (NS). Essa pequena região é uma das responsáveis pelo descanso, já que ela cuida para que possamos nos desligar e dormir bem. O NS informa ao nosso corpo o momento de desligar e dormir. Mas o mais interessante é que essa região depende de sinais exteriores para que ela funcione de maneira regular e organizada. Toda luminosidade captada por meio de nossos olhos, bem como os horários regulares para nos alimentarmos e dormirmos, possibilitam a essa região trabalhar de maneira mais eficiente e ritmada. É por isso que hábitos (certas rotinas) são muito importantes para o sono regular.

Durante um sono de boa qualidade, o cérebro libera substâncias importantes para a memória, para a atenção e o aprendizado. Além disso, o sono permite ao nosso cérebro realizar um detox emocional, limpando nossas memórias de lembranças dolorosas.

Um exemplo prático disso é o efeito da redução da luminosidade na regulação do NS. Fisiologicamente, deveríamos reduzir a luminosidade de nossas casas ou quartos à medida que se aproxima o horário de dormir. Fazendo isso, estamos informando ao NS que estamos prontos para dormir, e ele começa a desligar o nosso cérebro.

Mas se verificarmos os nossos hábitos, perceberemos que não fazemos isso adequadamente. Quantos de nós assistimos à TV, séries longas ou permanecemos conectados aos celulares durante minutos ou horas antes de dormir? Ao despejarmos luminosidade, nosso cérebro perde tempo para o ajuste e o NS perde a capacidade de regular bem o nosso sono.

Algo importante de ser compartilhado a esse respeito é o efeito nocivo da *blue light* sobre o nosso cérebro e o sono. Estas luzes são radiações emitidas por meio de aparelhos eletrônicos, como *tablets,* celulares ou computadores. Vários estudos têm demonstrado que elas prejudicam o sono, a síntese de serotonina, de melatonina e podem nos levar a uma noite de sono de pior qualidade.

Assim, o simples hábito de ficar menos tempo com aparelhos eletrônicos durante o dia (sobretudo nas horas que antecedem o sono) pode melhorar substancialmente a qualidade de nosso sono.[4]

---

[4] HATORI, M.; GRONFIER, C.; VAN GELDER, R. N. et al. Global rise of potential health hazards caused by blue light-induced circadian disruption in modern aging societies. **NPJ Aging Mech Dis.** 2017;3:9.

DESCANSE E DURMA BEM ■

Tentar dormir com o celular colado no rosto é adoecedor no longo prazo. Outro ponto a se destacar é que dormir bem ajuda a controlar o apetite. Pessoas que dormem mal não fazem um sono do tipo REM profundo e isso desregula o apetite, fazendo-as comer mais. Dormir mal eleva o cortisol e a insulina, aumentado a quantidade de comida que você vai querer comer durante o dia. Muitas pessoas não conseguem emagrecer simplesmente porque dormem mal.

Por fim, é importante destacar que dormir promove uma verdadeira faxina no cérebro. Muitas pessoas pensam que o sono é um estado em que o cérebro se desliga totalmente, mas isso não é verdade. Durante um sono de boa qualidade, o cérebro libera substâncias importantes para a memória, para a atenção e o aprendizado. Além disso, o sono permite ao nosso cérebro realizar um *detox* emocional, limpando nossas memórias de lembranças dolorosas. Desse modo, precisamos dormir para que possamos nos sentir menos estressados e termos um cérebro mais produtivo durante o dia. Parece óbvio, mas muitas pessoas negligenciam isso.

Para dormir melhor, precisamos estabelecer rotinas que nos possibilitem o que chamamos de higiene do sono. Foge ao alcance deste livro fornecer todas as estratégias a serem implementadas caso você seja uma pessoa que dorme mal. Entretanto, alguns pontos são importantes de indicar: reduzir a exposição à luz azul, dormir em um ambiente com menos barulho e luminosidade, manter o horário de sono em todos os dias da semana, investigar se você tem apneia do sono e evitar exercícios intensos ou alimentação mais pesada horas antes de dormir. Faça isso e veja melhorar consideravelmente a qualidade do seu sono.

E lembrando: dormir também é descansar no Senhor: "Em paz me deito e logo adormeço, pois só tu, Senhor, me fazes viver em segurança". (Salmos 4.8)

Capítulo 25

REDUZA SUA EXPOSIÇÃO À TECNOLOGIA

À **MEDIDA** que avançamos no século 21, o paradigma de nativo e imigrante digital, originalmente criado por Marc Prensky, em 2001, torna-se menos relevante. A revolução tecnológica digital na qual vivemos modificou e continua modificando e influenciando o estilo de vida das pessoas, interferindo diretamente em nosso corpo, mente e espírito. A era digital transformou os setores da vida

■ À PROCURA DA FELICIDADE

individual e social ao ponto de, por meio das redes sociais, modificar a maneira como nos relacionamos e nos comunicamos.[1]

A nova geração de nativos digitais possui uma identidade virtual acentuada, pois passam a maior parte do tempo conectados a redes sociais, *blogs*, jogos *on-line* e em meio às inovações tecnológicas. Desse modo, muitos nativos digitais não distinguem o *on-line* do *off-line* e, diante dessa nova realidade virtual, surgem novos problemas.

Isso tudo causa novas preocupações e demandas, que são notadas pelos imigrantes digitais, em sua maioria pais, educadores, médicos, psicólogos, indivíduos nascidos antes de 1980, que tentam imergir e adentrar nessa imensa quantidade de inovações tecnológicas.[2]

Porém, o indivíduo nativo, que digitalmente surgirá a partir de tais desenvolvimentos, tem sido denominado como *homo sapiens digital*, segundo Prensky. O *homo sapiens digital* difere do *homo sapiens* em dois aspectos principais: aceita o aprimoramento digital como um fato integral da existência humana, e é mais inteligente e tem sabedoria em termos digitais. Sendo assim, o *homo sapiens digital* terá um pensamento mesclado, em que desenvolverá um híbrido biológico, juntamente ao não biológico.[3]

A tecnologia digital pode nos tornar não apenas mais inteligentes, mas verdadeiramente mais sábios, segundo Prensky. O autor afirma que as ferramentas digitais que nos dão acesso a mais informações e aumentam nossos poderes analíticos irão reformular o que é sabedoria e nos tornarão mais inteligentes. Essas ferramentas, sejam elas na forma de simulações complexas ou bancos de dados, ou mesmo ferramentas implantadas que nos ajudem a processar as informações conforme elas chegam, aumentarão o nosso poder de pensamento.

A sabedoria digital é exibida tanto no uso considerado de aprimoramentos digitais para complementar habilidades inatas quanto no uso de aprimoramentos para facilitar a tomada de decisões. Em um futuro inimaginavelmente

---

[1] PRENSKY, M. (2001). Nativos digitais, imigrantes digitais. **On the horizon**, 9(5), 1-6.

[2] SANTOS, M.; SCARABOTTO, S. C. A.; MATOS, E. L. M. (2011, November). Imigrantes e nativos digitais: um dilema ou desafio na educação? In: X Congresso Nacional de Educação–EDUCERE. I Seminário Internacional de Representações sociais, subjetividade e Educação. Curitiba (Vol. 7). Disponível em: < https://educere.bruc.com.br/CD2011/pdf/5409_3781.pdf>.

[3] PRENSKY, M. (2009). H. sapiens digital: From digital immigrants and digital natives to digital wisdom. **Innovate: journal of online education**, 5(3).

REDUZA SUA EXPOSIÇÃO À TECNOLOGIA ■

complexo, argumenta Prensky, a pessoa sem aprimoramento digital, por mais sábia que seja, não terá as ferramentas da sabedoria que estarão disponíveis até mesmo para o ser humano com menor coeficiente de inteligência.[4]

Nos últimos dez anos, o uso da internet e das mídias sociais por adolescentes aumentou de 75%, em 2000, para cerca de 93%, em 2009. Um importante aspecto da imersão na internet é que se permite ao indivíduo criar e publicar conteúdos *on-line*, compartilhar o conteúdo e interagir sobre ele com outros indivíduos e grupos de interesse.

Diferentes tipos de mídia social são usados na internet: *sites* de redes sociais (Instagram, Facebook, Pinterest), *blogs* (Blogspot, Wordpress) e *microblogs* (Twitter), criação e compartilhamento de fotos, vídeos e arte em *sites* como YouTube ou Flickr, microvideos (TikTok, Kwai), redes de relacionamentos visando trabalho (LinkedIn) e relacionamentos amorosos (Tinder), jogos *on-line* (World of Warcraft), mundos virtuais, onde, em comunidades *on-line*, um *gamer* (jogador de jogos *on-line*) é capaz de criar uma identidade e interagir com outros membros da comunidade, geralmente em um formato de jogo, além de outros meios.[5]

Segundo o *site* de análise estatística Wizcase, em sua recente publicação feita em 2020, o Facebook ainda é a plataforma de rede social mais popular do mundo, com mais de 1 bilhão de usuários ativos. Embora a maioria das redes sociais, incluído o Facebook, apresente um maior número de usuárias mulheres, essas diferenças podem ser observadas principalmente no Pinterest, onde há uma grande disparidade de 25% entre os gêneros.

Outra publicação recente demonstrou que essa rede social é mais usada por mulheres como ferramenta motivacional ou inspiracional, e pelos homens, como ferramenta para adicionar conteúdo aos favoritos.

Quanto maior o nível de escolarização, maior a tendência a usar as redes sociais. Embora não haja um motivo óbvio para isso, pode-se pensar que tais usuários tenham empregos que envolvam computadores, *networking* ou *marketing*. Pessoas com diploma universitário usam as redes sociais em média 10% a mais do que aquelas não formadas, e cerca de 20% a mais do que pessoas com diploma de ensino médio ou aquelas não formadas no colegial.

---

[4]   LUSK, B. (2010). Digital natives and social media behavior: an overview. **The prevention researcher**, 17(S1), 3-7.

[5]   Ibidem.

■ À PROCURA DA FELICIDADE

É importante, ainda, ressaltar que determinados tipos de *sites*, com conteúdo pornográfico e de jogos *on-line*, estão obtendo um crescente aumento de acesso a partir de dispositivos móveis, principalmente quando comparados a *sites* de notícias e saúde.

O acesso à internet e às mídias sociais pode trazer muitos benefícios, incluindo o fornecimento de um espaço virtual para indivíduos explorarem seus interesses ou problemas com pessoas semelhantes, obter apoio acadêmico e profissional e conhecimento *on-line*.

Nas mídias sociais, os usuários podem criar perfis públicos e individuais, interagir com amigos da vida real e conhecer outras pessoas com base em interesses comuns. Porém, o uso contínuo da internet e das mídias sociais pode se tornar um potencial problema de saúde mental, principalmente através do comportamento de vício e isolamento social.

Estudos indicam que indivíduos extrovertidos parecem usar *sites* de redes sociais para promoção social, enquanto os introvertidos os usam para compensação social. Cada um dos quais parece estar relacionado ao uso mais demorado, assim como à baixa consciência e ao alto narcisismo.

Os correlatos negativos do uso das mídias socais incluem a diminuição na participação da comunidade social real, dificuldade em desenvolver relacionamentos reais, maior irritabilidade, falsa sensação de pertencimento, capacidade de gerar maior desatenção e distrações. E, ainda, o uso desregrado pode ocasionar alterações no funcionamento de neurônios, secreção de neurotransmissores e até modificação de genes, enviando sinais para nosso DNA que os ligue e desligue, fazendo que essas instruções sejam passadas de uma geração para outra.[6]

Por exemplo, nas últimas décadas, pesquisas sobre o impacto de jogar *on-line* aumentaram. Jogar excessivamente jogos *on-line* tem sido associado ao desenvolvimento de transtornos do humor, como depressão, estresse e transtornos de ansiedade. Um estudo que examinou a influência dos jogos *on-line* na mudança de comportamento de crianças na Samboja Middle School demonstrou que cerca de 10,2% dos alunos faltavam às aulas para jogar jogos

---

[6] LUSK, B. (2010). Digital natives and social media behavior: an overview. **The prevention researcher**, 17(S1), 3-7.

KUSS, D. J.; GRIFFITHS, M. D. (2011). Online social networking and addiction—a review of the psychological literature. **International journal of environmental research and public health**, 8(9), 3528-3552.

REDUZA SUA EXPOSIÇÃO À TECNOLOGIA ■

on-line, sendo que o tempo gasto em jogos *on-line* estava fortemente associado ao desenvolvimento de sintomas depressivos.

Os resultados nos dizem que jogar por mais de cinco horas por dia pode aumentar a probabilidade de desenvolver depressão. E ainda se descobriu que um forte apego ao jogo pode fazer que os indivíduos ignorem o sono, alimentação, *hobbies* e as interações sociais na vida real. Os jogadores preferiam interagir no jogo em vez da interação face a face.[7]

Dentre os mecanismos neurofisiológicos envolvidos no processo do desenvolvimento do Transtorno de Jogos *On-line* (TJO) está o transportador do neurotransmissor (NT) de dopamina. A dopamina é um neurotransmissor que tem entre suas funções proporcionar prazer e sensação de satisfação. Tal transportador é uma proteína que remove ativamente a dopamina liberada no espaço extracelular para os neurônios pré-sinápticos, interrompendo, assim, a sua ação. Em diversas doenças, como depressão, transtorno bipolar e doença de Parkinson, é possível observar anormalidades nos níveis de dopamina, onde o transportador de dopamina está diretamente ligado como fator causador dessas doenças.

Em uma pesquisa realizada em 2017, a partir de imagens cerebrais, descobriu-se que pacientes com Transtorno de Jogos *On-line* (TJO) demonstraram uma diminuição significativa nos receptores de dopamina, além de disponibilidade reduzida do transportador de dopamina. Tais dados, concomitantes à triagem de depressão, demonstraram que os pacientes com TJO apresentaram perda de interesse ou prazer em diversas atividades diárias, em passatempos anteriores e demais atividades de entretenimento. Eles desenvolveram apenas interesse em jogar jogos *on-line,* negligenciando a sensação de cansaço, fome, sede.

A depressão também está associada à perda de sono, ao aumento da consciência à noite (despertares noturnos) e à sensação de insatisfação e não descanso ao despertar. Indivíduos que jogam excessivamente *on-line* ignoram a sensação de cansaço, que causa a negligência e a baixa qualidade do sono. Isso pode causar sintomas depressivos, gerando um ciclo doentio, com prejuízos drásticos para a saúde mental. E ainda os resultados desses estudos

---

[7] ARIATAMA, B.; EFFENDY, E.; AMIN, M. M. (2019). Relationship between Internet Gaming Disorder with Depressive Syndrome and Dopamine Transporter Condition in Online Games Player. **Open access Macedonian journal of medical sciences**, 7(16), 2638.

À PROCURA DA FELICIDADE

demonstraram que os pacientes com TJO sentiam-se mais irritáveis, ansiosos ou tristes se fossem mantidos longe dos jogos *on-line*. Isso significa que existem sintomas de abstinência experimentados por pessoas que jogam jogos *on-line*.[8]

Os neurotransmissores como a dopamina e a serotonina têm um papel importante na dependência de drogas e álcool, especialmente por mediar o mecanismo de prazer e recompensa. A dependência de drogas e álcool associada à baixa atividade de recompensa da dopamina é justamente o que se vê em pacientes com Transtorno de Jogos *On-line*. Com relação ao vício em internet, pesquisas neurocientíficas apoiam que os processos neurais subjacentes são semelhantes ao vício em substâncias químicas.[9]

Os neurotransmissores como a dopamina e a serotonina têm um papel importante na dependência.

Demais comportamentos também afetam potencialmente os circuitos de recompensa no cérebro humano, levando a uma perda de controle e sintomas de dependência. A American Psychiatric Association (APA) reconheceu que, além dos Jogos *On-line,* a pornografia na internet apresenta mecanismos subjacentes, incluído o comportamento de compulsão. O vício em pornografia se encaixa na estrutura de dependência e compartilha mecanismos básicos semelhantes ao vício em substâncias químicas, via neurotransmissores de dopamina e serotonina.

Todavia, além de levar a alterações neurofisiológicas, estudos demonstram que a compulsão por pornografia favorece um comportamento violento, como atitudes abusivas e agressividade. Além disso, gera dificuldade em lidar com a postergação de prazer, como ocorre em uma relação sexual da vida real, uma vez que a masturbação traz um prazer imediato, fazendo, assim, com que o comportamento seja assimilado pelo cérebro como mais rápido para liberação de prazer e recompensa, via dopamina, dando preferência a este.[10]

---

[8] ARIATAMA, B.; EFFENDY, E.; AMIN, M. M. (2019). Relationship between Internet Gaming Disorder with Depressive Syndrome and Dopamine Transporter Condition in Online Games Player. **Open access Macedonian journal of medical sciences**, 7(16), 2638.

[9] Ibidem.

[10] LOVE, T.; LAIER, C.; BRAND, M.; HATCH, L.; HAJELA, R. (2015). Neuroscience of Internet pornography addiction: A review and update. **Behavioral sciences**, 5(3), 388-433.

BARKER, M. (2014). Psychology and pornography: Some reflections. **Porn Studies**, 1(1-2), 120-126.

REDUZA SUA EXPOSIÇÃO À TECNOLOGIA ■

Por fim, embora se tornem inextricáveis em nossa vida diárias, as mídias sociais *on-line* também têm sido responsabilizadas por aumentar os problemas de saúde mental, principalmente em indivíduos mais jovens. Isso se deve ao fato de o córtex pré-frontal, ou seja, o centro cerebral das ordens superiores não alcançar a sua maturação completa até o início da vida adulta, que se dá entre 21 e 24 anos de idade.

A infância é um período em que o cérebro passa por mudanças significativas, nunca mais vivenciadas ao longo da vida. Intuitivamente, muitas pessoas acreditam que o desenvolvimento do cérebro estaria associado a um aumento linear em suas dimensões, que acompanharia a idade. No entanto, não é o que ocorre. Para compreender o papel da maturação do cérebro no desenvolvimento comportamental, é fundamental correlacionar as mudanças anatômicas a mudanças comportamentais, uma vez que um molda o outro. É provável que fatores inatos e experiência induzam o processo e o inverso também é correto, já que a maturação do cérebro induz a experiência e o impacto das experiências exerce mudanças nos circuitos cerebrais.[11]

A Organização Mundial da Saúde (2017) relatou que entre 10% e 20% das crianças e adolescentes em todo o mundo apresentam problemas de ordem mental. Estima-se que 50% de todos os transtornos mentais são estabelecidos na adolescência, por volta de 14 anos de idade, e 75% aos 18 anos de idade.

Os transtornos mais comuns entre crianças e adolescentes são transtorno de ansiedade generalizada e depressão, sendo que a prevalência de ansiedade e depressão aumentou 70% nos últimos 25 anos para indivíduos jovens.

Atualmente, é dito que 92% dos adolescentes entre 13 e 17 anos de idade são ativos nas mídias sociais. Porém, o impacto delas e, especificamente, das redes sociais no bem-estar dos adolescentes tornou-se uma prioridade para pais e profissionais de saúde, devido ao aumento simultâneo de diagnósticos de ansiedade, estresse e depressão. As mídias sociais podem ser consideradas como uma "espada de dois gumes".[12]

Os fatores de risco proeminentes para depressão, ansiedade e sofrimento psicológico emergentes das mídias sociais estão diretamente relacionados com o tempo gasto nas redes sociais diariamente. Atividades como a verificação

---

[11] PINHEIRO, M. (2007). Fundamentos de neuropsicologia – o desenvolvimento cerebral da criança. In: **Vita et Sanitas**, 1(1), p. 34-48.

[12] PINHEIRO, M. (2007). Fundamentos de neuropsicologia – o desenvolvimento cerebral da criança. In: **Vita et Sanitas**, 1(1), p. 34-48.

■ À PROCURA DA FELICIDADE

repetida de mensagens, *feedback* de pares, investimento intelectual e atencional, pensamentos relacionados aos *status* de postagens, *cyberbullying*, levam ao uso viciante ou problemático. Além disso, é possível notar um comportamento similar a partir da teoria de comparação social. Indivíduos tendem a se comparar a outros indivíduos, para, assim, avaliar sua opinião e habilidades.

Sampasa-Kanyinga e Lewis (em estudo publicado em 2015) descobriram que o uso diário da mídia social por mais de duas horas estava associado a sofrimento psicológico. Em 2016, uma publicação científica chegou à conclusão de que mesmo o uso passivo do Facebook prevê comparação social e sentimento de inveja e inferioridade. Em outras palavras, a baixa autoestima agravou o impacto do vício e da depressão por meio da ruminação dos conteúdos postados.[13]

Os fatores de risco proeminentes para depressão, ansiedade e sofrimento psicológico emergentes das mídias sociais estão diretamente relacionados com o tempo gasto nas redes sociais diariamente.

A adolescência é o período de formação da identidade pessoal e social, e muito desse desenvolvimento agora tem sido diretamente relacionado ao novo ambiente de mídias sociais. Devido à capacidade ainda limitada, principalmente em relação à autorregulação emocional e vulnerabilidade, os adolescentes podem não se esquivar dos efeitos potencialmente adversos do uso das mídias sociais e, consequentemente, correm maior risco. Além disso, há a influência mediadora da insônia na relação estatisticamente significativa entre o vício em mídias sociais e a depressão.[14]

O nosso DNA social pode mudar o nosso DNA individual, através da epigenética e das novas descobertas da ciência. Com isso, podemos dizer que é o fim do determinismo biológico. Durante muito tempo, a maior parte dos cientistas estava convencida de que os seres vivos eram produtos de seu DNA herdado. Porém, é o fim da crença de que tudo é genética e abriu-se um novo campo para demonstrar que o ambiente é capaz de moldar o nosso DNA.

---

[13] KELES, B.; MCCRAE, N.; GREALISH, A. (2020). A systematic review: the influence of social media on depression, anxiety and psychological distress in adolescents. **International Journal of Adolescence and Youth**, 25(1), 79-93.

[14] Ibidem.

REDUZA SUA EXPOSIÇÃO À TECNOLOGIA ■

Em sua recente publicação, *O sentido da vida,* o cientista francês Joël de Rosnay estabeleceu uma relação entre a epigenética e a epimemética, ou seja, a modificação dos genes do DNA social, os chamados memes, demonstrando como a sociedade também pode influenciar o nosso DNA.[15]

De um modo análogo ao que os genes são para a genética, os memes digitais são os genes sociais transmitidos pela cultura e mídia digital moderna, particularmente os tuítes. Do mesmo modo que a epigenética estuda a modificação da expressão dos genes do comportamento, a epimemética estuda a modificação dos genes sociais, sua transmissão pelas mídias sociais e seu armazenamento em um DNA social. Isso é o que chamamos de epimemética em relação à epigenética.

Atualmente, os memes são utilizados por políticos, empresários e formadores de opinião para manipular as ideias e influenciar as massas. Isso constituirá um perigo adicional importante no futuro próximo. O único meio de evitar o impacto das *fakes news* é a coordenação cidadã com redes para detectá-las, discuti-las, avaliar a importância e reduzir sua influência. O desenvolvimento de habilidades como pensamento crítico, flexibilidade mental, letramento científico, habilidades socioemocionais, é necessário à formação do novo *homo sapiens* digital.[16]

As regras fundamentais para gerenciar a sua própria epigenética são praticar regularmente exercícios físicos, manejar o estresse, ter uma alimentação equilibrada, ter relações sociais e familiares harmoniosas, dentro de um ambiente favorável.

> *As regras fundamentais para gerenciar a sua própria epigenética são praticar regularmente exercícios físicos, manejar o estresse, ter uma alimentação equilibrada, ter relações sociais e familiares harmoniosas, dentro de um ambiente favorável.*

A epigenética é uma das descobertas mais importantes no campo da biologia nos últimos anos, porque muda o nosso entendimento sobre a genética.

---

[15] ROSNAY, Joël de. **A sinfonia da vida:** Como a genética pode levar cada um a reger seus destinos. São Paulo: Planeta, 2020.
MORIN, Edgar. **O desafio do século XXI:** religar os conhecimentos. Trad. Ana Rabaça. Lisboa: Instituto Piaget, 2001.

[16] ROSNAY, Joël de. **A sinfonia da vida:** Como a genética pode levar cada um a reger seus destinos. São Paulo: Planeta, 2020.

■ À PROCURA DA FELICIDADE

Até então, os cientistas acreditavam que os homens e os animais eram um produto exclusivamente de seus genes. Se o filho herdou os genes de determinada doença de seu pai, ele está fadado a desenvolver tal doença. Hoje sabe-se que nem sempre é assim. A epigenética mostra que o DNA também pode ser influenciado pelo ambiente e por nosso comportamento. A partir da epigenética, nós nos tornamos ainda mais responsáveis pelo que fazemos a nós mesmos; afinal, podemos administrar o nosso corpo e a nossa saúde. E esse é um grande alerta sobre a enorme responsabilidade que temos relacionada aos acessos exagerados às mídias sociais.[17]

O corpo, a mente e o espírito não são faculdades distintas, mas diferentes modos de ver a totalidade do homem. O ser humano possui facetas físicas e não físicas ou materiais e imateriais. A experimentação no mundo como a vivemos, sendo conscientes e/ou inconscientes, e as obras do nosso cérebro são dois aspectos igualmente reais de uma mesma unidade mística. A visão de sermos seres psicossomáticos nos faz elevar o nosso pensamento à complexidade e beleza da criação.

Descortinar a influência da tecnologia digital em nossos processos genéticos, cognitivos, emocionais e espirituais, correlacionando-os com padrões de atividades cerebrais e celulares, pode nos levar a compreender a importância do cuidado com todo o nosso ser. Pois tudo, exatamente tudo, exerce efeito direto sobre nós, de forma multifacetada e integral.

---

[17] ROSNAY, Joël de. **A sinfonia da vida:** Como a genética pode levar cada um a reger seus destinos. São Paulo: Planeta, 2020.

Capítulo 26

CONECTE-SE A UMA COMUNIDADE DE FÉ SAUDÁVEL

PARA FINALIZAR este livro, gostaria de falar sobre a importância de termos uma espiritualidade saudável e pertencer a uma igreja. Vimos no estudo sobre as *Blue Zones* que uma das variáveis de saúde foi pertencer a uma comunidade e ter uma espiritualidade desenvolvida.

De fato, vários estudos vêm apontando que o isolamento e a solidão são variáveis que pioram prognósticos

■ À PROCURA DA FELICIDADE

de saúde e aumentam a mortalidade. Pesquisas médicas têm apontado que o isolamento social e a solidão são tão prejudiciais à saúde quanto fumar, ser sedentário ou a poluição atmosférica.[1]

Isso é muito interessante de se notar porque se conecta perfeitamente com a ideia que temos de comunidades cristãs saudáveis e como elas podem ser comunidades orgânicas que curam. Infelizmente, uma das ideias difundidas por muitos defensores da teologia do *coaching* e do evangelho da autoajuda é que você não precisa congregar ou pertencer a uma igreja, e isso tem isolado e adoecido muitos, que permanecem fechados em bolhas onde o que se busca é a prosperidade, a felicidade ou o dinheiro farto.

Nesses novos movimentos religiosos, a vida comunitária é vista como um peso e é difundida a ideia da vida independente, onde o sujeito, por si, é capaz de construir o seu caminho e a sua jornada de fé. Isso não é uma verdade bíblica e essa ideia deve ser combatida de maneira veemente.

Michael Horton, no livro já citado, nos fala um pouco sobre isso:

> *[...] é precisamente o ministério corriqueiro, entra semana, sai semana, que oferece crescimento sustentável e estimula as raízes a crescer para o fundo. Se os grandes momentos de nossa vida cristã são produzidos pelos grandes movimentos [...] a igreja local ordinária parecerá bastante irrelevante.*[2]

Como ele diz, infelizmente somos tentados a reduzir a nossa vida comunitária a grandes eventos, mas a espiritualidade cristã é experimentada em rotinas diárias e em atos de comunhão entre aqueles que possuem a mesma fé. Somos seduzidos pela ideia de que grandes eventos vão modificar nossa vida espiritual, mas é no culto comum e ordinário que de fato teremos nossa vida espiritual e emocional amadurecidas de maneira

---

[1] HOLT-LUNSTAD, J.; SMITH, T. B.; BAKER, M.; HARRIS, T.; STEPHENSON, D. Loneliness and social isolation as risk factors for mortality: a meta-analytic review. **Perspect Psychol Sci**. 2015 Mar;10(2):227-37. doi: 10.1177/1745691614568352. PMID: 25910392.

HOLT-LUNSTAD, J.; SMITH, T. B.; LAYTON, J. B. Social relationships and mortality risk: a meta-analytic review. **PLoS Med**. 2010 Jul 27;7(7):e1000316. doi: 10.1371/journal.pmed.1000316. PMID: 20668659; PMCID: PMC2910600.

[2] HORTON, Michael. **Simplesmente crente**: por uma vida cristã comum. São José dos Campos, SP: Editora Fiel, 2018. p. 21.

CONECTE-SE A UMA COMUNIDADE DE FÉ SAUDÁVEL

equilibrada. Não existe amadurecimento cristão sustentável sem estarmos conectados a uma comunidade de fé.

É também interessante quando vemos estudos científicos demonstrando que o pertencimento a uma igreja melhora a saúde física e mental. De fato, pertencer a uma comunidade e participar de reuniões comunitárias tem sido apontado com uma variável positiva de proteção contra transtornos mentais.[3]

Um estudo interessante, publicado em 2017, acompanhou enfermeiras nos Estados Unidos entre os anos de 1996 e 2008. Em comparação com as mulheres que nunca compareceram aos cultos, as mulheres que frequentaram mais assiduamente e recentemente os cultos religiosos tiveram menor risco de desenvolver depressão.[4]

Assim, dizer que congregar e pertencer a uma comunidade promove cura não é apenas uma constatação espiritual ou um mandamento de Deus, de fato, as evidências científicas nos mostram que a espiritualidade melhora a saúde mental e melhora o prognóstico de quadros emocionais.

Entretanto, os estudos médicos também evidenciam que não é qualquer espiritualidade que produz saúde física e mental. Sendo assim, no meio acadêmico dividimos a espiritualidade em dois critérios: a espiritualidade extrínseca e a espiritualidade intrínseca.

Gordon Allport, interessado pela temática da religião, como derivado de seus estudos sobre a personalidade, especialmente na sua relação com a dimensão moral, criou a classificação mais utilizada no meio acadêmico para a orientação religiosa, distribuída em dois tipos: a intrínseca e a extrínseca. Na religiosidade intrínseca o indivíduo apresenta uma fé bem amadurecida, procurando viver realmente de acordo com os princípios doutrinários em que acredita, harmonizando suas necessidades e interesses às suas crenças, esforçando-se por internalizá-las e apresentando um relacionamento saudável com a sua religião, já que o princípio motivador de suas atitudes se encontra na própria religião, que atribui significado à sua vida. Já na religiosidade extrínseca, a religião é utilizada

---

[3] BAETZ, M.; BOWEN, R.; JONES, G.; KORU-SENGUL, T. How spiritual values and worship attendance relate to psychiatric disorders in the Canadian population. **Can J Psychiatry**. 2006 Sep;51(10):654-61. doi: 10.1177/070674370605101005. PMID: 17052033.

[4] LI, S.; OKEREKE, O. I.; CHANG, S. C.; KAWACHI, I.; VANDERWEELE, T. J. Religious Service Attendance and Lower Depression Among Women-a Prospective Cohort Study. **Ann Behav Med**. 2016;50(6):876-884. doi: 10.1007/s12160-016-9813-9.

■ À PROCURA DA FELICIDADE

> *como um meio para atingir outros fins, benefícios exteriores (de status, segurança e distração), de modo que a pessoa se volta ao sagrado ou a Deus, mas sem desapegar-se do self, como, por exemplo, os indivíduos que se convertem a uma determinada religião para ampliar os seus relacionamentos sociais, devido a um relacionamento afetivo ou até mesmo como uma manobra de publicidade. Observa-se, portanto, que, como afirmava Allport, ao estabelecer uma comparação entre as duas orientações: os extrínsecos usam sua religião enquanto os intrínsecos a vivenciam.[5]*

Na categoria extrínseca, a espiritualidade é usada para a obtenção de fins secundários. Na espiritualidade intrínseca, ela fornece equilíbrio e sentido para a vida. Neste ínterim, estudos demonstram que a espiritualidade extrínseca piora a saúde mental, ao contrário da espiritualidade intrínseca, que melhora os prognósticos de saúde.[6]

Se olharmos os princípios do evangelho da autoajuda ensinado hoje, perceberemos seguramente que eles se enquadram no perfil da religiosidade extrínseca e, logo, considerando a literatura médica, vão piorar o prognóstico de transtornos mentais. A teologia do *coaching* é um exemplo claro de espiritualidade extrínseca, uma vez que ela faz que seus seguidores usem a religião para obter o que os seus desejos narcisistas anseiam.

Infelizmente, é isso que venho percebendo na prática clínica. Se antes tínhamos uma geração de cristãos sequelados pela teologia da prosperidade, hoje, no consultório, atendemos cada vez mais pessoas destruídas emocionalmente pela teologia do *coaching* e pelo evangelho da autoajuda.

Assim, falar de uma espiritualidade condizente com os valores corretos do evangelho do Reino de Deus não se trata apenas de uma questão espiritual: ao resgatarmos a verdadeira espiritualidade, proporcionaremos cura emocional

---

[5] MELO, C. F.; SAMPAIO, I. S.; SOUZA, D. L. A.; PINTO, N. S. Correlação entre religiosidade, espiritualidade e qualidade de vida: uma revisão de literatura. **Estudos e pesquisas em psicologia**. v. 15, n. 2, 2015. Disponível em: <https://www.e-publicacoes.uerj.br/index.php/revispsi/article/view/17650/13050>.

[6] GENIA, Vicky; SHAW, Dale G. Religion, Intrinsic-Extrinsic Orientation, and Depression. **Review of Religious Research**, v. 32, n. 3, [Religious Research Association, Inc., Springer], 1991, pp. 274–283, https://doi.org/10.2307/3511212.

BANAZADEH, N.; SABAHI, A.; ZIAADINI, H.; JALALI-KHALILABADI, A.; BANAZADEH, M. The Relationship between Extrinsic and Intrinsic Religious Orientation with Perceived Stress and Cigarette Addiction among University Students. **Addict Health**. 2019 Apr;11(2):73-80. doi: 10.22122/ahj.v11i2.226. PMID: 31321004; PMCID: PMC6633072.

CONECTE-SE A UMA COMUNIDADE DE FÉ SAUDÁVEL ■

a nossas comunidades. Se formos omissos, tornaremos nossas comunidades ambientes onde a espiritualidade extrínseca se tornará um fardo pesado e um catalizador de doenças.

Diante de tudo o que pude apresentar aqui, espero que este livro seja um ponto de partida para a reflexão sobre o tipo de espiritualidade que estamos vivendo. Estamos nós vivendo uma fé saudável que cura ou estamos seduzidos por um evangelho que vai nos adoecer a médio e longo prazos? Qual tem sido a finalidade de nossa fé? Estamos próximos de uma espiritualidade saudável, que nos tire do isolamento, nos dirija ao serviço ao próximo e reafirme verdades eternas, ou estamos com o coração preso a uma fé tóxica, centrada em nós mesmos?

Que as palavras de nosso Senhor, dirigidas à igreja de Laodiceia, possam confrontar nosso coração:

> *E ao anjo da igreja de Laodiceia escreve: Isto diz o Amém, a testemunha fiel e verdadeira, o princípio da criação de Deus: Conheço as tuas obras, que nem és frio nem quente; quem dera foras frio ou quente! Assim, porque és morno, e não és frio nem quente, vomitar-te-ei da minha boca. Como dizes: Rico sou, e estou enriquecido, e de nada tenho falta; e não sabes que és um desgraçado, e miserável, e pobre, e cego, e nu; aconselho-te que de mim compres ouro provado no fogo, para que te enriqueças; e roupas brancas, para que te vistas, e não apareça a vergonha da tua nudez; e que unjas os teus olhos com colírio, para que vejas. Eu repreendo e castigo a todos quantos amo; sê, pois, zeloso e arrepende-te.* (Apocalipse 3.14-19 ACF)

CONCLUSÃO

UM CONVITE A QUEM DESEJA APRENDER MAIS

ESPERO, FIRMEMENTE, que este livro seja um pontapé inicial a uma jornada de mudança de hábitos. Não existe um caminho fácil nem um atalho para vivermos uma vida física, emocional e espiritual equilibradas. Que você não seja seduzido pela pregação humanista do evangelho de nosso tempo nem tampouco se renda aos princípios da sociedade do cansaço e do esgotamento.

É importante reafirmar que, para alcançarmos esse equilíbrio, precisamos dedicar tempo em disciplinas que aperfeiçoem diariamente os cuidados com o corpo, as emoções e com a nossa espiritualidade. Que ao término deste livro você possa inserir rotinas e práticas em sua rotina e consiga viver os princípios aqui ensinados.

E, para aquele que desejam aprender mais sobre os conteúdos deste livro, sugiro que visite o meu *site* (www.ismaelsobrinho.com.br) ou aponte a câmera do seu celular para o QR-CODE abaixo.

Que Deus abençoe sua vida com saúde, muita saúde!

Esta obra foi composta em Adobe Garamond Pro
e impressa por Promove Artes Gráficas sobre papel
Pólen Natural 70 g/m² para Editora Vida.